金融学 | 国家一流专业"双万计划" 北京市一流专业 | 建设系列成果

中国区域金融资源差异、配置与优化研究

李 新 著

首都经济贸易大学出版社
Capital University of Economics and Business Press
·北 京·

图书在版编目（CIP）数据

中国区域金融资源差异、配置与优化研究/李新著. --北京：首都经济贸易大学出版社，2020. 11

ISBN 978-7-5638-3163-0

Ⅰ. ①中… Ⅱ. ①李… Ⅲ. ①区域金融—资源配置—研究—中国 Ⅳ. ①F832. 7

中国版本图书馆 CIP 数据核字（2020）第 219248 号

中国区域金融资源差异、配置与优化研究
李 新 著
ZHONGGUO QUYU JINRONG ZIYUAN CHAYI PEIZHI YU YOUHUA YANJIU

责任编辑 王 猛
封面设计 风得信 · 阿东 FondesyDesign
出版发行 首都经济贸易大学出版社
地　　址 北京市朝阳区红庙（邮编 100026）
电　　话 （010）65976483 65065761 65071505（传真）
网　　址 http：//www. sjmcb. com
E-mail publish@cueb. edu. cn
经　　销 全国新华书店
照　　排 北京砚祥志远激光照排技术有限公司
印　　刷 人民日报印刷厂
成品尺寸 170 毫米×240 毫米 1/16
字　　数 210 千字
印　　张 13. 25
版　　次 2020 年 11 月第 1 版 2020 年 11 月第 1 次印刷
书　　号 ISBN 978-7-5638-3163-0
定　　价 47. 00 元

序　言

波澜壮阔的改革开放改变了中国，也影响了世界。在四十年改革开放的伟大历程中，金融作为实体经济的血脉，实现了从大一统的计划金融体制到现代金融体系的“凤凰涅槃”，初步形成了与国际先进标准接轨、与我国经济社会实际契合的中国特色社会主义金融发展路径。

经过四十年努力，我们不断改革完善金融服务实体经济的理论体系和实践路径。持续优化完善传统信贷市场，为服务实体企业改革发展持续注入金融活水；建立健全以股票、债券等金融工具为代表的资本市场，畅通实体企业直接融资渠道，增强其可持续发展能力；推动低效产能有序退出市场、临时困难但前景良好的企业平稳渡过难关、优质企业科学稳健发展，鼎力支撑我国企业从无到有、从小到大、从弱到强，逐步从低端加工制造向高附加值迈进。

经过四十年努力，我们基本构建了以人民为中心的居民家庭金融服务模式。不仅借鉴西方现代金融实践，支持家庭部门熨平收入波动，实现跨期消费效用最大化；而且充分利用我国银行业分支机构延伸到乡镇、互联网全面覆盖到村落等良好基础设施，逐步实现基础金融服务不出村，促使我国普惠金融走在了世界前列；同时，积极构建与精准扶贫相配套的金融服务体系，发挥金融在扶贫攻坚中优化资源配置的杠杆作用，为人民实现对美好生活的向往提供金融动力。

经过四十年努力，我们探索了从国民经济循环流转大局增强金融和财政合力的有效方式。在改革开放过程中，我们不断优化财政支持与金融服务的配套机制，运用金融工具缓解财政资金使用碎片化问题和解决财政资金跨期配置问题，增进财政政策促进经济结构调整和金融政策促进经济总量优化的协调性，持续提升国民经济宏观调控能力和水平，既避免金融抑制阻碍发展，又防止过度金融风险集聚。

2008 年，美国次贷危机引发的全球金融海啸引发了人们对金融理论和金融实践的深刻反思。金融理论是否滞后于金融实践，缺乏对金融实践有效的指引？金融实践是否已过度复杂化，致使金融风险难以识别、度量和分散？

近年来，随着互联网、大数据、人工智能、区块链等技术的出现，科技发展在极大提高金融业服务之效的同时，也对传统金融业带来了冲击。金融业态正在发生重大变化，金融风险出现新的特征。在新的背景下，如何处理金融改革、发展、创新与风险监管的关系，如何守住不发生系统性金融风险的底线，已经成为世界性重大课题。在以习近平同志为核心的党中央坚强领导下，我国进入中国特色社会主义新时代。在这个伟大的时代，对上述方面进行理论创新和实践探索的任务非常艰巨，使命非常光荣。为完成这一伟大历史使命，需要建设好一流金融学科和金融专业，大规模培养高素质金融人才，形成能力素质和知识结构与时代要求相匹配的金融人才队伍。北京正在建设“政治中心、文化中心、国际交往中心、科技创新中心”，加强金融学科建设和金融人才培养正当其时。

欣闻首都经济贸易大学金融学成功入选北京市一流专业和国家一流专业“双万计划”，正在组织出版“一流专业建设系列成果”，向着打造高素质金融人才培养基地迈出了重要步伐，将对我国金融学科和金融专业的建设起到积极的推动作用，为促进我国金融高质量发展并建成现代金融体系作出应有贡献，为实现伟大复兴中国梦提供有益助力。

尚福林

前　言

中国区域金融发展对区域经济，乃至金融和经济整体发展都具有重大影响，地方政府高度重视区域金融的发展，由此各地区域金融推动政策层出不穷，区域金融（尤其是区域金融中心）战略不断涌现。然而，当前区域金融的理论研究却相对滞后。首先，理论界对区域金融研究重视不够，其中将区域金融作为一种重要战略资源并探讨其优化发展的研究还不多。其次，专门系统量化分析中国区域金融发展的研究尚不够深入，突出地表现在两个层面：一是缺少下沉到省级以下区域层面的微观研究；二是缺少上升到以中国为核心的国际区域层面的宏观研究。本书的研究或许在一定程度上可以做一些有益的补充。

本书具有以下几个特点：①本书的研究具有较为坚实且统一的理论基础。本书立足于金融资源的理论，将金融作为一种重要的资源来看待，由此系统地分析中国区域金融资源整体发展、相关经济影响以及金融资源优化模式。②本书对区域金融的研究视角和研究深度有所拓展。本书着重从金融差异（泰尔指数）、金融深度、金融宽度等多维角度，拓宽区域金融发展和区域金融资源的研究视角；运用指数、模型等量化分析手段，加大区域金融发展和区域金融资源的研究深度。③本书的研究具有整体性和系统性，为国际金融研究贡献了“中国元素”。本书将中国区域金融作为一个有机的整体资源来看待，重点研究相关区域金融发展及其经济影响。研究依次推进，首先从中国整体金融（八个区域金融）着手；继而选择具体代表性区域，环渤海-京津冀金融和东西部代表性区域（东部的海西经济区及西部的广西、重庆）金融，并将研究下沉至地级区域金融层面；最后探讨中国和“一带一路”区域金融，这实际上将研究延伸到了以中国为核心的国际区域层面，为国际金融研究贡献了“中国元素”。

本书是北京市社会科学基金研究基地项目“京津冀CBD金融资源优化模式研究”（项目号：17JDYJB003）的成果，同时也是“北京市一流专业”项目及“国家一流专业双万计划”项目的系列成果。作者李新教授曾在深圳证券交易所从事博士后研究工作，长期从事金融市场与区域金融的理论研究，对第一线的金融实践具有较深入的了解和切身的体会，形成了较为独特的研究风格。李新教授一贯坚持“理论与实践相结合，国际视野与本土操作相结合，历史、现实与未来相结合”，这在全书的研究中有充分的体现。本书自始至终贯彻求真务实的原则，强调理论联系实际，注重研究实效，重视模型量化分析、案例分析；同时，以历史、现实和未来三维视角，以国际视野和本土化操作双重视野，发现、分析和解决中国区域金融发展及金融资源优化中的实际问题。

内容提要

当前，中国正处于重要的转型时期，经济体制、经济结构、金融体制、金融结构都正在发生深刻的变革，其中区域金融的发展与转型尤其引人注目。由此，本书立足金融资源理论，着重研究中国区域金融资源差异与配置问题，并在此基础上探讨区域金融发展优化路径。本书首先分析了中国区域金融资源整体特征，重点研究了金融资源差异及其经济影响；其次探讨了重点区域的金融发展与金融资源差异，这主要包括首都经济圈（南北区域金融发展均衡的支撑点）和东西部典型区域，然后分析了中国区域（包括以中国为核心的“一带一路”区域）金融资源配置及其经济影响；最后指出中国金融深化发展的路径在于金融资源的优化，并提出相关政策建议。

本书具体内容分为四个部分。

第一部分（第一章）。分析中国区域金融资源的整体发展，重点研究中国金融资源区域分布差异及其经济影响。本书依据中国经济及金融近年来发展的特点，按照“沿边—沿海—沿江”的思路，重新将中国分成八大经济区域，并在此基础上分析了八大区域金融资源的差异及其经济影响。

第二部分（第二章和第三章）。以首都北京为核心（中国经济与金融的平衡支点），探讨了其周边区域金融资源发展的规律。首都北京周边区域主要涉及环渤海区域和京津冀区域，环渤海区域包括：京津冀加上山东和辽宁。当前，中国金融发展不仅是东西差距变大，同时南北差距也有加大趋势，呈现“十字”特征，而环渤海区域金融和京津冀区域金融的发展，将起到重要的平衡作用。因此，本书从环渤海和京津冀两个区域入手，重点开展环渤海城市金融资源差异与影响研究，并进一步分析京津冀金融深度、金融宽度及其对经济增长的影响。

第三部分（第四至六章）。研究东西部典型区域金融资源发展。本书选取东部的海西经济区和西部的广西、重庆，分析它们金融资源的差异性。其中原因在于：一是目前相关研究较少；二是具有典型代表性，例如海西经济区可以与台湾地区构成新发展区域，广西可以与东盟地区形成新发展区域，而重庆是西部唯一的直辖市，可以带动西部的全面发展。

第四部分（第七章和第八章）。分析区域金融资源配置及其经济影响。中国区域金融资源配置是中国金融发展的基础，“一带一路”是中国金融国际化的重要方向和发展空间。为此，本书不仅研究了中国金融资源配置及其经济影响，而且将区域金融研究延伸到以中国为核心的国际区域层面，探讨“一带一路”区域金融资源配置及其经济影响。

目　录

第一章　中国金融资源区域分布差异及其经济影响

中国在改革开放和经济转轨的过程中，金融业发展迅速。但是由于我国地域辽阔，各个区域的社会、经济发展水平等方面都存在着较大差异，因此，各个区域金融发展和金融资源呈现出了明显的差异性。

本章着重研究中国金融资源区域分布差异，界定了区域金融、区域金融差异的概念，总结了金融发展理论和区域金融差异的表现形式，对我国八大经济区域的金融资源差异化现状进行了分析，进而研究区域金融资源的差异化演变过程，金融资源差异对经济差异的影响及其产生原因以及如何减小区域金融差异等问题。具体思路如下：

首先，本章在原有四大区域板块划分的基础上，按照“沿边—沿海—沿江”的思路，重新划分了八大经济区，即东北综合经济区、北部沿海综合经济区、东部沿海综合经济区、南部沿海经济区、黄河中游综合经济区、长江中游综合经济区、西南综合经济区和大西北综合经济区，使用 31 个省、市、自治区 2008—2017 年的相关数据，对八大经济区的总体金融资源的差异情况和变化的趋势进行分析。其次，运用各行业的指标分别对区域银行业、证券业和保险业的金融资源差异进行分析。再次，本章选取泰尔指数对各个区域的区域内和区域间的金融资源总和的差异进行实证分析，研究其差异的演变过程。最后，推动对于金融资源差异对经济影响的研究，并对其形成因素展开分析，针对性地提出减小各个区域金融资源差异的政策建议，推动区域金融资源优化、区域经济协调发展。

第一节　中国区域金融资源差异日益突出

一、研究背景及问题的提出

中国在改革开放和经济转轨的过程中，金融业发展迅速。但是由于我国地域辽阔，不同的区域之间存在差异，在社会、经济发展水平等方面都产生了差异性。相较于西部地区和中部地区，东部地区不论是在经济总量还是金融资源方面都有着绝对的优势，而且这种差异性不仅体现在各区域之间，也体现在了各个区域、省市的内部。根据《2018 年中国区域金融运行报告》的数据，到 2017 年末，金融机构存贷款余额排名前五位的省市分别为广东省、江苏省、北京市、浙江省和上海市，按四大板块划分来看都属于东部地区，按八大区域划分来看绝大部分也都集中在东部沿海和北部沿海两个综合经济区。这五个省份（市）金融机构存贷款余额之和几乎占全国金融机构存贷款总额的一半，排名前三位的北部沿海综合经济区、东部沿海综合经济区和南部沿海经济区金融机构存贷款余额占到全国的 60%左右，而排名后三位的东北综合经济区、西南综合经济区和大西北综合经济区金融机构存贷款余额还不如北部沿海综合经济区一个区域多；证券业 2017 年国内上市股票（A 股）筹资额中，北部沿海综合经济区、东部沿海综合经济区和南部沿海经济区三个区域股票筹资额占到了全国的 66.37%；在保险业的保费收入方面，东部沿海综合经济区和北部沿海综合经济区依旧处于领先地位，占到全国保费收入的 40%以上。由上述可见，中国金融资源绝大部分集中在北部沿海、东部沿海和南部沿海三大综合经济区，甚至在某些指标上超过了其余区域之和。中国区域金融发展水平差异如此之大，部分原因是经济的区域不平衡影响到金融，各区域的金融发展是与经济相适应的；同时，金融具有自我集聚的特征，区域越发达，越能吸引金融集聚，从而使得区域间的金融发展差异加大。与此同时，中国区域金融资源差距过大，将对经济发展产生不利影响，加剧区域经济失衡。

二、研究的意义

虽然中国区域金融资源差异问题已经引起学者的关注，许多学者分别对区域金融发展差异进行测量和分析，然而，系统研究区域金融问题的书籍却很少。大多数研究都是通过一两个指标来分析金融发展的差异，而金融是一个复杂的系统，仅从一两个方面进行分析难免会有失偏颇。本书认为，虽然有很多学者对区域金融问题进行了研究，但仍有必要对这一课题进行更加深入的研究。同时，前人的研究也为系统地探讨这一问题准备了丰富的资料，使问题的研究具有可操作性。总体来说，研究区域金融资源差异及其对经济的影响具有重要的理论和现实意义。

（一）理论意义

在理论研究上，随着金融发展理论的不断深入，对于我国区域金融和区域经济的研究也有了进一步的发展，而金融资源概念的提出，更是为理论研究提供了一个新的导向。学者们对于区域金融发展和区域金融差异的研究有很多，大多是从度量各个区域金融差异的角度进行一些总量差异上的分析，而对差异形成的原因及其影响没有进行深入的探讨。大部分学者的研究集中在国家层面和省级层面的区域金融方面，对于经济区域层面的区域金融的研究相对较少且不够深入。本章从中国经济层面的金融资源区域分布差异的总体差异、分行业差异和差异的演变着手进行实证分析，从而对各区域金融资源差异情况及其形成因素做一些有益的探讨，并给出相应的政策建议。

（二）现实意义

中国地域辽阔，各区域之间无论是经济还是文化都存在着明显的差异。特别是改革开放以来，区域之间的经济差异有逐步扩大的趋势，金融作为现代经济的核心，其差距也在不断扩大。这种过大的差距已经制约部分区域正常的经济发展，阻碍了区域经济协调。此外，国内关于区域金融差异的研究大多停留在东、中、西的地区划分上，对东北、东、中、西部四大板块的相关研究相对较少，而对八个经济区域的分析更少。通过对区域的进一步划分，能够更加清晰地分析原来各区域内部的差异和各区域之间的差异，对相应区域提供更具有针对性的政策建议。因此，从现实意义上来看，研究各区域金融发展的差异及其对经济的影响十分重要。

三、研究思路与特色

（一）研究思路

本意总体研究思路如图 1-1 所示，共分为六大部分：①进行相关的文献评述，发现问题；②梳理并明确在现有文献基础上待进一步完善的方向，确立研究重点；③对于中国各区域金融资源分布差异的现状进行多角度分析，

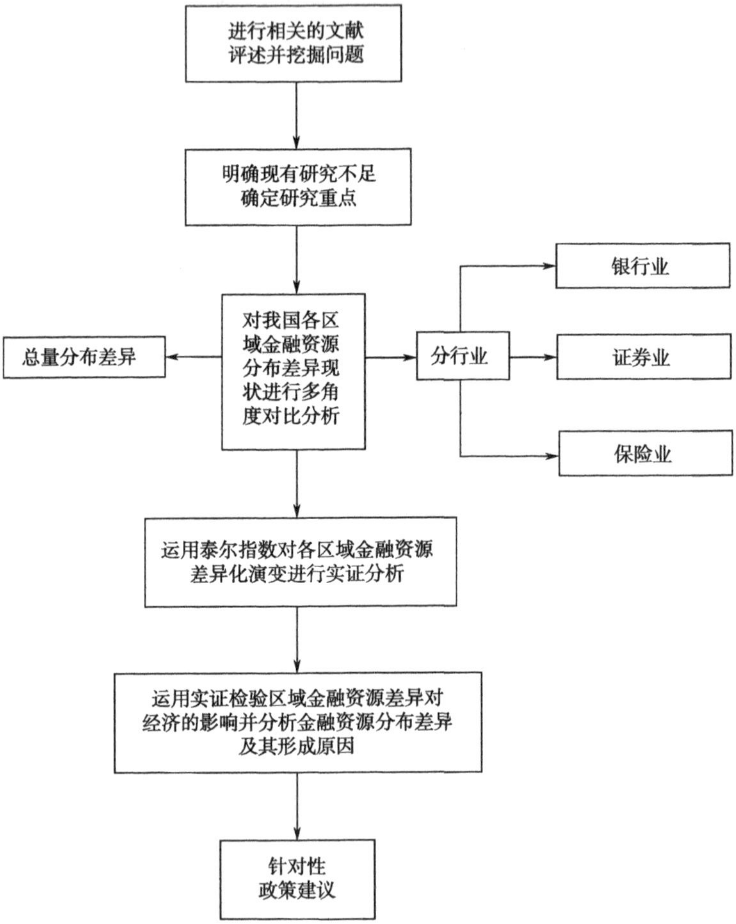

图 1-1 研究思路图

从金融资源总量分布差异和各个行业的金融资源分布差异上进行对比分析；④运用泰尔指数对八大区域的金融资源差异化的演变过程进行实证分析；⑤运用实证检验区域金融资源差异对经济的影响，分析金融资源分布差异形成原因；⑥给出相应的政策建议。

（二）研究特色

本章研究具有以下特色：

1. 确立核心金融资源的理念

本章将核心金融资源界定为金融机构存贷款余额、股票筹资额、保费收入和实际利用外资之和，不仅分行业、分区域分别对它们进行了差异分析，还研究了其整体差异演变等相关内容。

2. 合理确立区域金融资源分布及其差异

本章在研究区域金融差异时，采用比四大板块更进一步的八大经济区域的划分，更多考虑区域金融资源总量、区域国民生产总值等因素，更具合理性，也更便于为实现区域金融经济协调发展提出有针对性的政策建议。

第二节 金融资源及其差异相关文献综述

一、金融资源差异相关文献

白钦先教授（1998）最早提出金融资源理论，他认为“金融是一种资源，是一种特殊的战略性资源，既是资源配置的机制，又是资源配置的对象，包括基础性核心金融资源、实体性中间金融资源和整体功能性高层金融资源三个层次”。之后，崔满红（1999）等学者对于金融资源理论进行了进一步的研究和探讨。就国内而言，张军州（1995）首次提及区域金融的相关概念，他指出“区域金融是指一个国家金融结构与运行在空间上的分布状态”。整理汇总目前学者们关于金融差异的文献，大体可以分为金融总量、金融结构、金融系统和金融功能四个方向的差异研究（见表1-1）。

表 1-1 金融差异研究相关文献

	方向	具体研究内容	相关文献研究
金融差异	金融总量的差异研究	金融总量定性内容	张杰（1994）从金融成长量的角度研究金融资源规模的大小
			白钦先（1998）研究了金融资源的层次划分，将其分为基础性核心金融资源、实体性中间金融资源和整体功能性高层金融资源三个层次
		差异的变化趋势	周立和王子明（2002）运用相对指标来衡量金融资源差异，例如金融资产相关比率、收入比、存贷差等，在分析地区差异和差异特征的时候，又选取了相对差异系数和弹性系数来进行分析
			陆文喜和李国平（2004）、董金玲（2009）研究了差异的变化过程
		对金融总量差异影响的相关分析	王纪全、张晓燕和刘全胜（2007）整理汇总了我国 1994—2004 年的金融资源相关的数据，其中包含了金融机构存贷款、股票总股本、保费收入和实际利用外资等，以此来对中国四大地区的金融资源总量进行度量分析[8]
	金融结构的差异研究	金融结构定性的内容	韩玲慧（2000）对金融结构深入研究，探讨研究了企业制度创新对金融结构变化的影响问题
			朱映惠（2017）基于泰尔指数研究了我国金融资源配置的结构和效率[10]
		金融结构形成原因以及影响研究	刘仁武探讨了区域金融结构和金融发展的关系
			胡振华（2007）、沈友华（2009）和王书华（2010）对金融结构差异的形成原因进行研究，得出货币政策区域效应为其影响因素的结论
			张成思和刘贯春（2015）研究了金融结构差异对于经济的影响问题

续表

	方向	具体研究内容	相关文献研究
金融差异	金融系统的差异研究	金融系统差异的内容	周小川（2004）创新性地在金融领域加入了生态学的相关观点
			黎和贵（2007）认为经济发展较快的地区往往是那些法制环境相对较好、社会保障程度较完善的地区
		政府政策和行为的差异问题	崔光庆和王景武（2006）除了用储蓄存款、金融机构贷款和股票市值等指标对我国三大地区进行度量，还探讨了政府行为如何导致金融系统的差异问题
		法律因素的差异问题	卢峰、姚洋实证检验了我国法律和金融的关系，认为法制只有在其他配套制度安排完善的情况下才能起到促进作用
			吴兴奎和谈儒勇（2005）从法律的视角来解释金融差异的问题
	金融功能的差异研究	金融功能范畴的变化	杨再平深入研究了金融功能的范畴，认为金融体系存在两个效能，一个是流动性效能，另一个是增值性效能
			郑长德（2008）运用东、中、西和东北四个地区1978—2005年的存贷款余额等金融指标来计算泰尔指数，分析了金融资源地区差异的形成原因，并且在研究金融促进经济的问题上引入金融功能的角度
		金融效率的差异问题	杨德勇分别从宏观效率角度、微观效率角度和市场效率角度来研究金融效率的问题
			王振山（2000）指出帕累托最优时的金融资源配置的状态就是金融效率
		金融功能差异对经济的影响	王广谦在金融效率的研究角度基础上又区分了金融市场自身能力和金融市场运作对经济发展作用力两个方面

对于中国而言，当前正处于经济转型过程中，区域经济的发展最主要的问题在于金融资源绝对量的分布问题，也就是有限的金融资源在区域间进行合理分配及其对区域经济的影响问题。因此，本章研究的金融资源差异主要是指金融资源绝对量的区域分布差异。总结学者们的研究发现，对区域金融资源绝对量的研究主要集中在金融资源和差异的度量、导致区域金融差异的原因及相应对策、金融差异与经济发展的关系方面。

（一）区域金融资源和差异的度量相关文献

在国外的研究文献中，对于金融资源的概念没有进行很明确的定义和总结，关于这方面的研究大部分都隐含在了金融发展的理论中，由于区域金融发展时间不长，对于区域金融尤其是区域金融资源的研究相对来说比较有限。Raymond W. Goldsmith（1969）在研究金融发展问题的时候，第一次提出金融相关比率（FIR）这一衡量金融发展水平的指标，用金融相关比率来对一个国家的金融结构和金融发展的存量和流量进行分析。Goldsmith 提出“金融发展是指金融结构的变化，因此研究金融发展必须以有关金融结构在短期或长期内变化的信息为基础研究不同金融机构不同时点的变化”。此外，他还对 35 个国家的金融相关比率进行实证分析和研究，发现金融的结构和规模同经济总量和人均实际收入有着明显的正向关系。Levine（2002）认为金融发展差异体现在金融服务的差异上，也就是“金融服务观”。

在区域金融资源和差异的度量方面的国内研究中，金学军和田霖（2004）也是采用了金融相关比率这一指标，对中国东、中、西部的金融发展的差异进行实证分析，得出的结论认为：对于中国来说，1978 年到 1984 年中国区域金融发展的差异有扩大的趋势，而 1984 年到 1994 年差异又缩小，1994 年到 2003 年又呈现出扩大趋势。黄桂良（2010），成春林、华桂宏（2013）对我国区域金融差异性研究进行了阶段性小结。殷克东和孙文娟（2010）以沿海八个省市为样本，运用主成分分析法和熵值法两种方法，对其金融发展水平进行分析，旨在探讨沿海八个省市的金融发展水平的变化原因。齐美东和张思佳（2015）运用泰尔指数的方法研究了 2002—2012 年我国三大地区金融资源总量的差异，表明我国金融资源在空间分布上存在着明显的差异，而且差异有扩大的趋势，东部差异的内部差异对整体差异产生主要影响。郑智勇

（2017）也是运用了泰尔指数的实证分析方法，选取福建省存贷款的指标，对其区域内、区域间和总的差异进行了研究。

（二）区域金融资源差异的原因和相应对策相关文献

在研究区域金融资源差异的原因和相应对策方面，潘文卿等（2003）通过选取 1978 年到 2001 年之间的来自 28 个省的数据进行实证分析，得出结论：区域金融发展的差异形成的主要原因就是各省区的金融体制在运行过程中出现的不同。

王小鲁和樊纲（2004）侧重于研究生产要素对不同地区差异的作用，他们通过分析诸如劳动力、资本、人力资本等因素分布在不同地区的情况和发展趋势，发现中国各地区的资本投入的不同导致了不同地区的差异。梁慧（2015）利用泰尔指数分解测算四个地区的金融发展区域差异，得出我国金融发展的差异更多体现在各个地区之间的差异，并从内生因素、外生因素和内外因素角度对其产生原因进行了分析，表明市场化进程加快促进了差异化的竞争和金融机构的分化。

（三）区域金融差异与经济发展的关系相关文献

在研究区域金融与经济发展方面的国外研究中，帕特里克（1966）从“供给主导”和“需求追随”两个方向对经济增长和金融发展的问题进行了研究。希克斯（1966）则是通过对英国资本市场的分析，发现金融促进了工业革命的进展。Levine 和 Zervos（1998）研究了股票市场对经济产生的影响，主要是从股票市场的功能、股票市场的规模、股票市场的波动性和国际一体化的程度来进行分析研究。Jayaratne（2003）运用了实证的方法，选取美国各个州为研究对象，来探讨金融和经济增长的关系，发现金融的发展对区域经济的增长有促进作用。

在国内研究中，艾洪德等（2004）则运用实证分析的方法，探讨我国区域金融发展和经济增长的关系，结论显示：对于我国来说，两个指标在东部地区和全国为正相关关系，在中部和西部地区则呈现出负相关关系。丁艺等（2010）对我国各省进行了实证分析，选取省级的数据来研究金融集聚和经济增长的关系，实证结果表明，金融越集聚的地方，其经济增长越明显。唐松（2014）研究了我国地区金融资源的差异性和经济增长之间的关系，采用实证的方法得出结论：在中西部地区，其地区内的金融资源对经济增长的促进作用越来越大，而在东部地区则呈现出逐渐下降的趋势。李延军等（2018）研究了一个区域，即只对京津冀区域进行分析，得出了其金融集聚对经济增长存在空间溢出效应的结论。

二、文献评述

上述文献从不同方面对中国金融资源区域发展的差异进行了有价值和有意义的研究，对金融资源绝对量差异的度量及其形成原因，以及与经济发展关系的相关问题都进行了探讨分析，为未来研究区域金融发展差异的相关问题提供了方向，也为金融资源差异度量提供了可靠的研究方法。但还存在如下需要进一步探讨之处：①现有研究大多侧重于区域金融发展、区域金融相关比率和区域经济增长关系等问题，对金融资源区域分布差异研究较少；②在金融资源的数据选取上，大多只选用了金融机构存贷款的数据，不能真实反映区域整体金融资源状况；③学者们研究的样本量数据有限，对于各个类别的金融资源的选取不统一，所以对比结果不够明晰；④大部分的学者都采用东、中、西的地区划分，采用四个区域划分的相对较少，区域划分不够细化，无法针对性地提供政策建议，存在“一刀切”的政策倾向。

对此，本章采用了2008—2017年时序数据，从金融资源总额视角出发，对我国八大经济区域间金融资源的总体情况进行了描述，分行业选取相应指标度量其金融资源区域分布的差异性，对比八大区域之间金融资源分布的绝对差异。然后，运用泰尔指数考核区域差异的演变，系统地梳理我国金融资源的区域分布差异及演变特征，进而分析金融资源分布差异对经济差异的影响及其形成原因。最后，根据结果对各区域提出针对性的政策建议。

第三节　区域金融资源相关概念及理论基础

一、区域金融资源相关概念界定

金融资源理论是对于金融发展理论的进一步拓展和延伸，而关于金融发展理论的研究，最早是由帕特里克提出的，之后麦金农和肖（E. S. Show）不断拓宽其研究范围，开始深入到发展中国家金融发展对经济增长影响的研究中。三位学者从宏观的层面研究了金融发展的问题，从金融发展理论出发，到金融结构理论，再到金融深化理论和金融约束理论等，不断对其内容进行完善和丰富。在我国，白钦先教授提出了金融资源理论，创造性地总结定义了金融资源理论的相关内涵和内容，探讨了金融资源作为一种资源共有的和特有的属性。金融资源的配置能对其他实际的经济资源起到一定的决定性作用的特殊属性，造就了金融资源不同于其他资源的核心特征。白钦先教授将金融资源划分为三个层次（见图 1-2）分别进行研究，为学者们研究金融资源的相关问题提供了新的角度。金融资源理论旨在提高金融效率，进而推动金融稳定、金融和经济的可持续发展，而且金融资源理论重视地域和时间发展的统一。

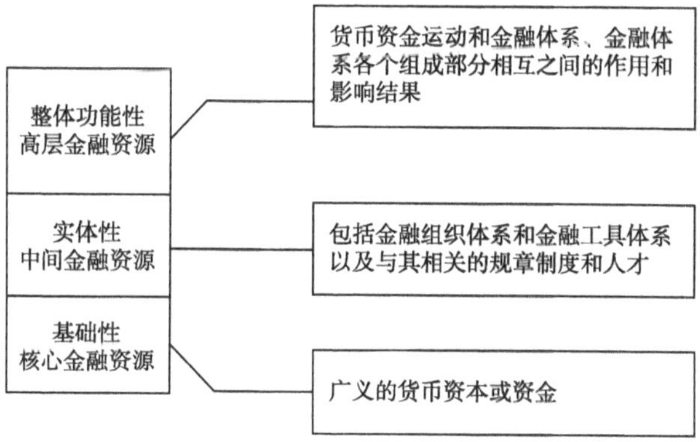

图 1-2　金融资源的构成层次

（一）金融资源分布与金融资源配置

金融资源分布和金融资源配置都是用来描述将金融资源运用到各个不同经济区和不同行业的，但是它们测度的角度有所不同。金融资源配置是动态地从供给和需求两个角度对金融资源的运用进行衡量，一般采用效率来衡量其效果；而金融资源分布是静态地从供给的角度来对金融资源的运用情况进行衡量，一般更侧重于公平的角度。本章采用金融资源分布的概念，更多考虑金融资源存量的问题。

（二）区域和地区

地区偏向于行政上的划分，侧重于微观的视角，范围可大可小。区域则偏向于地理位置相近、自然初始条件相似，更有宏观层面的概念。根据国务院发展研究中心发布的《地区协调发展的战略和政策》报告，我国正式确立了“八大经济区”的发展战略，将全国分为东北综合经济区、北部沿海综合经济区、东部沿海综合经济区、南部沿海经济区、黄河中游综合经济区、长江中游综合经济区、西南综合经济区和大西北综合经济区。本章采用八大经济区的划分，考察中国金融资源在各个区域的分布情况。

二、区域金融理论

（一）区域金融界定与区域金融划分

国内区域金融的概念是张军州（1995）较早提出来的，他指出“区域金融是指一个国家金融结构与运行在空间上的分布状态”①。其认为，金融运行必然具有区域性的特点，这主要是因为金融资源的供给和需求在空间分布上有很大的不平衡性。而且纵观整个世界，金融体系和金融活动也是不平衡分布的。之后，刘仁武（2002）和支大林（2004）也分别对区域金融进行研究，刘仁武在区域金融结构和金融发展理论的基础上，进一步对区域金融结构进行了完善，支大林则探讨了区域金融的属性，他认为区域金融具有时空性，和区域金融结构和金融发展水平一样具有一定的层次性，对于金融中心来说还具有一定的吸引和辐射作用，同时区域金融在环境上体现出了差异性。总的来说，区域金融理论综合运用了区域经济学理论和金融发展理论，中间又穿插了金融地理学和金融可持续发展的相关内容，以不同时空的金融为研究对象，对它的水平、效能和其与经济之间的关系进行研究。

关于区域金融的划分，学者们探讨了很多种方法，从目前掌握的文献来看，张军州将区域金融的划分方法总结概括成五类：第一类为和经济区相关的区域金融，第二类为根据借贷资金运行的区域化联系程度进行划分的区域金融，第三类为参考金融机构的密集程度进行划分的区域金融，第四类为根

---

① 张军州．中国区域金融分析［M］．北京：中国经济出版社，1995.

据金融现代化的程度进行划分的区域金融，第五类为根据不同的金融功能划分的区域金融。通过梳理文献可以发现，国内学者对金融资源区域差异的研究大多基于东、中、西或东北、东、中、西的划分。区域划分对于区域政策的制定具有很重要的意义。然而，因为各种历史和现实方面的原因，中国不同区域在发展条件和水平上存在着巨大的差异。目前这种划分显得过于粗略，不便于深入分析区域差异，如果以此为基础制定区域政策，很容易又形成"大一统"或"一刀切"的局面。为了配合实施区域协调发展战略，各区域、部门需要建立相应的多层次体系和框架，以实施有针对性的区域政策。

依循国务院发展研究中心的划分原则①可知，无论是"东、中、西"三大经济带的划分，还是东部、中部、西部、东北四大板块的地域划分，均较为粗略和简单，信息损失大；从自然条件和资源禀赋本身的角度出发，考虑到空间距离和经济发展水平，为了进一步适应区域研究和政策建议，已经有学者在省际行政划分的研究基础上，开始对经济区进行空间研究。也就是说，基于经济区—省（直辖市、自治区）这两级空间单元来对中国区域经济、区域金融的问题进行研究，例如冯长春等（2015）对我国八大经济区的经济差异进行了研究，探讨我国区域经济差异的时空演变问题。

本章采用国家"十一五"规划中提及的区域划分方法，在"四大板块"划分的基础上，采用新的八大经济区域的划分（见图 1-3），将全国 31 个省、市、自治区分为八大经济区②，在八大综合经济区域划分的基础上分析各区域之间的金融资源差异。这一划分，更多考虑了区域金融资源总量、区域国民生产总值等因素，更具合理性，有利于为区域金融经济协调发展提出更具针对性的政策建议。

（二）区域金融差异表现形式

金融资源区域分布差异有很多不同的表现形式，主要体现在金融结构的差异和金融发展水平的差异上。金融结构主要侧重于金融机构、金融工具等

① 国务院发展研究中心研究人员提出中国大陆经济区域的划分必须遵循以下八个原则：①空间上相互毗邻；②自然条件、资源禀赋结构相近；③经济发展水平接近；④经济上相互联系密切；⑤社会结构相仿；⑥区块规模适度；⑦保持行政区划的完整性；⑧便于进行区域研究和区域政策分析。

② 国务院发展研究中心发布的《地区协调发展的战略和政策》报告提出："十一五"期间中国内地划分为东部、中部、西部、东北四大板块，并可将四个板块划分为八大经济区。

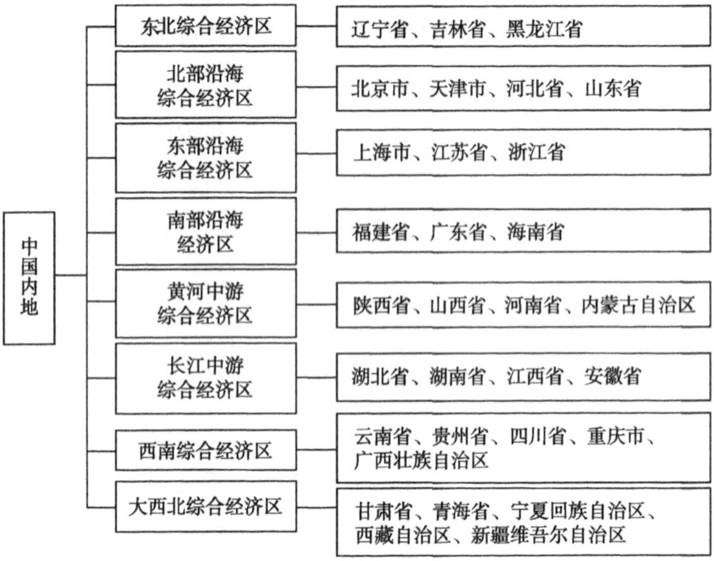

图 1–3 八大经济区域划分

质的层次，而金融发展水平主要表现在金融资源和金融交易数量的差异性等量的层次，两者分别从不同侧重面体现金融资源区域分布差异。对金融资源区域差异的研究，可从金融结构和金融发展水平两个方向入手，从基本的构成要素考虑，金融资源区域差异性主要体现为区域结构空间上的差异、发展水平的区域差异、社会经济环境的差异和金融行为主体的差异，而在这四种差异中，研究金融发展水平的意义最大。这主要是因为金融发展水平是其他差异作用于经济的最直接的体现，而且金融发展水平影响区域经济差异。中国正处于经济转型中，区域经济的发展最主要的问题在于金融资源绝对量的分布，也就是有限的金融资源（尤其是核心性金融资源）在区域间进行合理分配及其对区域经济影响的问题。因此，本章主要研究金融资源绝对量的区域分布差异。第四节研究了中国核心金融资源总量的区域分布差异，运用绝对量指标和相对指标对中国金融资源总量、各行业金融资源量、中国金融资源分布差异及其演变进行了分析。

三、金融资源区域分布差异与区域经济的作用机制

利用金融资源的配置功能，将金融资源的储蓄功能和投资功能分离开来，把储蓄从资金较多的地方转移到资金较少的地方，转移到效率更高的地方，从而优化资源配置，促进经济发展。区域金融资源分布差异对经济影响的机制主要包括四个方面：

一是金融资源分布的差异通过投资和消费转换效率的差异影响经济差异。

二是金融资源分布差异改善资金流动的方式不同，通过自身的配置和引导力度，进而对经济产生影响。

三是金融资源的差异性决定了其影响经济增长相关因素的强弱和经济增长驱动力的大小。

四是金融资源的直接产出也是经济总量的一部分，其本身的差异引发了经济上的差异。

第四节　中国金融资源区域分布差异及其演变

一、中国各区域的金融资源分布差异分析

（一）金融资源差异的度量及研究方法

1. 金融资源差异的度量

之前的许多文献对于金融资源和区域金融资源分布的度量方法不一，有代表性的主要为白钦先（1998）、何风隽（2005）的研究，他们主要从理论探索的视角对金融资源进行分类，没有使用实际数据的统计分析。其他几位学者有选择性地引用了实际金融数据，其中大部分围绕白钦先教授所提出的核心金融资源展开，考虑到数据的可得性，使用金融机构存贷款的研究比较多，其他行业数据比较少。综合考虑之前的文献研究和数据可获得性，本章选取中国金融资源各区域的分布情况，采用金融机构存贷款、证券筹资额、保费收入和实际利用外资之和来反映金融资源总体分布情况。

2. 数据来源

本章选取2008—2017年我国各省、市、自治区的金融机构存贷款余额、证券筹资额、保费收入和实际利用外资，将其加总表示金融资源总量，运用这些数据进行分析。在上述核心金融资源中，金融机构存贷款余额数据来源相对充分，而证券筹资额数据的搜集比较困难，所以此处利用股票（A股）实际筹资额来近似地代表证券筹资额，通过查找各省统计局网站中的统计年鉴数据获得金融机构存贷款余额和保费收入，然后分别进行整理汇总。研究数据主要来自：国家统计局，国家数据中心，2008—2017年各省、市、自治区的统计年鉴（西藏无统计局数据），各省市统计公报，《中国金融年鉴》，万得（Wind）金融数据库。

3. 研究方法

本章研究选取金融资源总量的相关指标进行分析，从全国各区域金融资源总量和各区域分行业金融资源量两个角度进行研究，运用标准差、极差、全国占比和泰尔指数分别衡量我国金融资源区域分布的差异性及其演变过程。

（二）中国金融资源总体分布差异的度量及特征

1. 中国金融资源总量分布情况

根据金融资源理论统计核心金融资源，我们得出10年间我国金融资源总量在八大区域的发展和分布情况，如图1-4所示，可以看出东部沿海综合经济区和北部沿海综合经济区具有丰富的金融资源且发展速度最快。

2017年东部沿海综合经济区金融资源总量达到627 425.03亿元，是2008年水平的3倍多，北部沿海经济区2017年金融资源总量达到544 072.25亿元，是2008年水平的3倍多。截止到2017年，东部和北部沿海综合经济区总额和经济区的金融资源总计占全国的45.40%；其次是南部沿海经济区，金融资源总量从2008年的118 908.60亿元增长到2017年的411 536.97亿元，东部沿海、北部沿海和南部沿海这三个综合经济区的金融资源总量排在前三位，2017年它们的金融资源总量占到全国金融资源总量的60.43%。扩展来看，也就是北京、天津、河北、山东、上海、江苏、浙江、福建、广东和海南10个省、市集中了全国大部分的金融资源，然后依次为西南、长江中游、黄河中游、东北和大西北综合经济区。

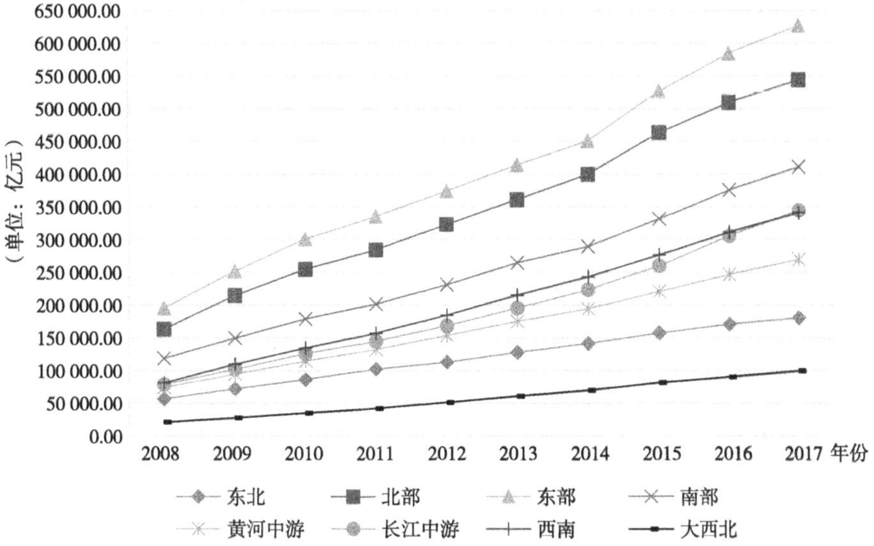

图 1-4　各区域总体金融资源

资料来源：各省、市、自治区统计局网站和 Wind 金融数据库

总的来说，经济相对比较发达的东部沿海、北部沿海和南部沿海这三个综合经济区集中了全国大多数的金融资源，而东北综合经济区、西南综合经济区和大西北综合经济区金融资源相对比较稀缺，也就是说，我国金融资源在各个经济区域存在着分布差异。

2. 中国金融资源各区域总量差异情况

我们用标准差（S）和极差（R）来表示中国金融资源区域分布的绝对差异。标准差是衡量数据集离散程度的指标，通过计算标准差，能够得出数据之间的绝对差异。计算公式如下：

$$S = \sqrt{\frac{\sum_{i=1}^{n}(Z_i - \overline{Z})^2}{N}} \tag{1-1}$$

其中，Z_i 表示 i 区域的金融资源总量，$\overline{Z}$ 表示全国金融资源的平均量，N 表示区域数。

极差（R）是在一组数据中，选取最大值和最小值做差，来看这组数据变化范围的大小，能够从中得出金融资源区域分布的极端情况。计算公式如下：

$$R = Z_{max} - Z_{min} \tag{1-2}$$

其中，Z_{max} 表示金融资源最多区域的金融资源量，Z_{min} 表示金融资源最少区域的金融资源量。对数据结果进行分析，如图 1-5 所示。

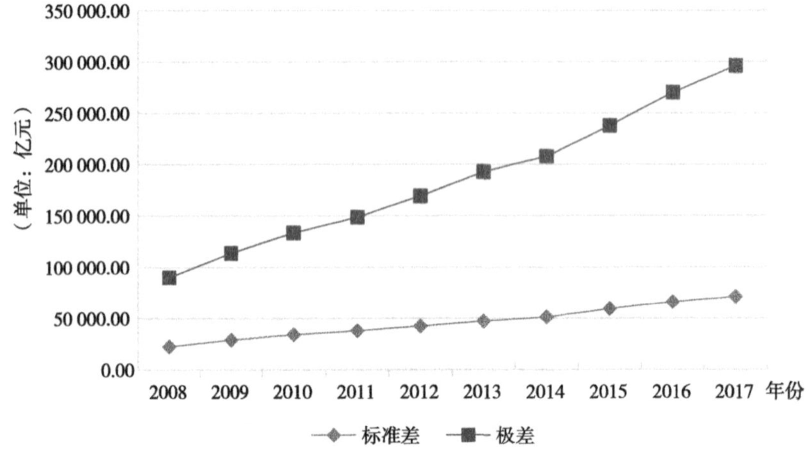

图 1-5　我国金融资源分布的标准差和极差

资料来源：各省、市、自治区统计局网站和 Wind 金融数据库

通过图 1-5 可以明显看出，我国金融资源区域分布的标准差和极差逐年扩大，极差的增长速度比标准差更大。也就是说，拥有金融资源最多的区域和最少的区域之间的差距不断加大。

2015 年，极差迅速扩大，表明金融资源分布的离散程度也相应变大，这可能是因为 2015 年中国经济继续深化“新常态”，区域金融的发展也呈现出不平衡的状态，金融资源总量在各个省份之间波动比较大。2016 年之后，在国家调控下，差异量的增长态势变缓，但仍然呈现出扩大的趋势。也就是说，我国金融资源绝对量在各个经济区域的分布差异有扩大的趋势。

二、中国各区域核心金融资源分行业度量和差异分析

（一）银行业存贷款资源区域分布差异的度量

对于银行业的区域分布差异的度量，我们采用金融机构存贷款余额这一指标，本章选取 2008—2017 年全国八大经济区域金融机构存贷款余额相关的

数据来分析其总量的变化及各区域金融机构存贷款余额占全国比例的分布差异（见表1-2、表1-3）。

表1-2　各区域金融机构存贷款余额　（单位：亿元）

年份	东北	北部	东部	南部	黄河中游	长江中游	西南	大西北
2008	33 650.34	98 574.08	109 133.65	70 274.52	45 154.04	41 980.31	39 918.91	20 183.34
2009	42 187.10	127 906.38	139 794.13	87 569.50	57 107.66	54 228.58	53 079.17	26 210.05
2010	49 910.75	150 287.85	167 255.40	104 546.01	68 389.35	66 624.37	64 689.05	32 724.56
2011	56 122.75	168 497.98	186 718.37	117 155.67	78 857.39	77 318.66	75 259.57	38 168.60
2012	64 442.23	193 689.75	208 343.33	134 492.93	91 969.54	91 098.20	89 548.80	45 451.05
2013	72 435.74	216 499.41	231 290.75	153 681.47	103 937.72	106 100.87	104 944.00	52 530.96
2014	78 734.24	236 135.57	250 064.36	165 056.96	112 483.32	118 323.04	116 815.38	58 050.84
2015	87 660.90	280 174.16	305 392.07	196 753.92	126 468.85	136 834.54	133 370.25	66 250.10
2016	95 026.22	307 819.70	335 618.19	219 380.42	140 770.07	159 030.89	150 553.54	72 752.81
2017	99 560.97	323 591.51	354 558.44	237 670.77	152 286.02	176 582.18	162 497.67	78 609.32

资料来源：各省、市、自治区统计局网站

表1-3　各区域金融机构存贷款余额占全国比重

年份	东北	北部	东部	南部	黄河中游	长江中游	西南	大西北
2008	7.33%	21.48%	23.78%	15.31%	9.84%	9.15%	8.70%	4.40%
2009	7.17%	21.75%	23.77%	14.89%	9.71%	9.22%	9.03%	4.46%
2010	8.49%	25.56%	28.44%	17.78%	11.63%	11.33%	11.00%	5.56%
2011	7.03%	21.11%	23.40%	14.68%	9.88%	9.69%	9.43%	4.78%
2012	7.01%	21.08%	22.67%	14.63%	10.01%	9.91%	9.74%	4.95%
2013	6.96%	20.79%	22.21%	14.76%	9.98%	10.19%	10.08%	5.04%
2014	6.93%	20.79%	22.02%	14.53%	9.90%	10.42%	10.29%	5.11%
2015	6.58%	21.02%	22.91%	14.76%	9.49%	10.27%	10.01%	4.97%
2016	6.42%	20.79%	22.66%	14.81%	9.51%	10.74%	10.17%	4.91%
2017	6.28%	20.41%	22.36%	14.99%	9.61%	11.14%	10.25%	4.96%

资料来源：各省、市、自治区统计局网站

我们可以分区域来看金融机构存贷款余额的分布差异特征，尽管存贷款资源依旧集中在较为发达的北部沿海、东部沿海和南部沿海这三大综合经济区，但长江中游、西南和大西北这三个综合经济区的全国占比有增加的趋势。这说明绝对量上的差异依旧存在，但存贷款资金向长江中游、西南和大西北这三个综合经济区有所转移。

2008 年国际金融危机以来，我国的国民经济逐步恢复，并快速增长，八大区域相应的金融机构存贷款余额的规模也进一步扩大。从各区域分布来看，与 2008 年相比，2017 年东北、北部沿海、东部沿海、南部沿海、黄河中游、长江中游、西南和大西北综合经济区金融机构存款余额分别扩大了 2.96 倍、3.28 倍、3.25 倍、3.38 倍、3.37 倍、4.21 倍、4.07 倍和 3.89 倍。金融机构贷款余额分别扩大了 3.70 倍、3.51 倍、3.23 倍、3.75 倍、4.17 倍、4.79 倍、4.45 倍和 5.90 倍。因此，从绝对规模来讲，八大经济区域的银行业金融资源得到了一定的增加，且金融机构贷款余额比存款余额增长更大。

（二）证券业股票资源区域分布差异的度量

对于证券业的金融资源，我们选取股票筹资额来进行衡量，2008—2017 年，全国股票筹资额从 3 342.68 亿元增加到 11 104.30 亿元，增长了近 3 倍。股票筹资额成为我国金融资源越来越重要的组成部分（见表 1-4）。

表 1-4　各区域股票筹资额　　（单位：亿元）

年份	东北	北部	东部	南部	黄河中游	长江中游	西南	大西北
2008	83.18	1 324.10	419.90	633.40	319.60	289.30	182.80	90.40
2009	36.20	1 809.70	1 215.00	671.10	80.70	536.90	331.00	264.00
2010	425.27	2 917.80	2 349.80	1 588.10	560.40	741.10	551.90	215.00
2011	484.10	2 095.50	1 924.90	1 219.00	412.50	620.30	639.10	260.07
2012	213.30	1 264.80	720.10	805.20	429.00	313.80	309.30	326.80
2013	143.00	655.00	515.70	1 470.90	507.10	349.90	581.90	356.86
2014	268.50	1 891.30	1 271.50	778.10	525.70	674.60	746.24	198.10
2015	446.90	2 557.10	1 858.10	1 618.80	1 073.30	611.50	815.00	466.50
2016	464.00	2 569.60	4 867.00	3 366.50	1 148.40	1 257.00	984.50	517.00
2017	332.00	2 261.90	3 426.00	1 670.90	807.60	1 211.40	596.50	798.00

资料来源：Wind 数据库

股票筹资额由于受证券市场影响波动比较大，呈现出不稳定的状态，但整体来看，北部沿海、东部沿海和南部沿海这三大综合经济区的股票筹资额远高于其他区域。根据截止到 2017 年的数据，这三个区域股票筹资额占到了全国 66.37%，和金融机构存贷款余额一样，东北、西南和大西北这三大综合经济区股票筹资额较低。东部沿海综合经济区近几年增长明显，全国占比呈现出波动上升的趋势，和西南、大西北综合经济区的差距拉大。股票筹资额的区域分布差异主要是由于各个区域上市公司、股本数量和股价差异等原因造成的。北部沿海、东部沿海和南部沿海三大综合经济区比其他区域拥有更多的上市公司的数量，同时在股本数量和股价上也有一定的优势（见表 1-5）。

表 1-5　各区域股票筹资额全国占比

年份	东北	北部	东部	南部	黄河中游	长江中游	西南	大西北
2008	2.49%	39.61%	12.56%	18.95%	9.56%	8.65%	5.47%	2.70%
2009	0.73%	36.60%	24.57%	13.57%	1.63%	10.86%	6.69%	5.34%
2010	4.55%	31.21%	25.13%	16.99%	5.99%	7.93%	5.90%	2.30%
2011	6.32%	27.37%	25.14%	15.92%	5.39%	8.10%	8.35%	3.40%
2012	4.87%	28.86%	16.43%	18.37%	9.79%	7.16%	7.06%	7.46%
2013	3.12%	14.30%	11.26%	32.11%	11.07%	7.64%	12.70%	7.79%
2014	4.23%	29.77%	20.01%	12.25%	8.27%	10.62%	11.74%	3.12%
2015	4.73%	27.07%	19.67%	17.14%	11.36%	6.47%	8.63%	4.94%
2016	3.06%	16.93%	32.07%	22.19%	7.57%	8.28%	6.49%	3.41%
2017	2.99%	20.37%	30.85%	15.05%	7.27%	10.91%	5.37%	7.19%

资料来源：Wind 数据库

（三）保险业保费收入区域分布差异的度量

对于保险业的金融资源，选取保费收入作为其衡量指标。我国的保险业经过多年发展，保费收入呈现出稳步增长的趋势。全国的保费收入从 2008 年的 9 184.30 亿元上涨到 2017 年的 34 250.99 亿元，增长 2.7 倍，相较于金融机构存贷款余额和股票筹资额，保费收入增长显著（见表 1-6）。

表 1-6　各区域保费收入　（单位：亿元）

年份	东北	北部	东部	南部	黄河中游	长江中游	西南	大西北
2008	738.84	1 813.45	1 864.72	1 158.04	1 138.95	1 097.54	1 073.65	299.11
2009	808.73	2 127.56	2 110.86	1 264.90	1 285.54	1 265.22	1 247.66	332.57
2010	1 036.28	2 803.09	2 736.87	1 625.78	1 707.93	1 630.37	1 636.10	420.77
2011	917.41	2 655.85	2 683.80	1 623.19	1 777.99	1 629.88	1 676.07	435.38
2012	979.11	2 895.16	2 941.80	1 735.91	1 838.85	1 723.75	1 810.34	498.96
2013	1 273.41	3 389.26	3 377.43	2 550.36	2 021.04	1 896.93	2 051.77	576.79
2014	1 394.79	3 708.72	3 721.59	2 432.73	2 292.17	2 260.62	2 370.24	668.62
2015	1 731.10	4 508.82	4 322.16	2 912.29	2 803.42	2 763.16	2 860.03	801.29
2016	2 080.41	5 817.05	5 736.12	3 870.23	3 451.03	3 415.19	3 622.94	971.84
2017	2 518.83	6 592.90	6 880.87	4 272.48	4 282.20	4 291.63	4 248.72	1 163.36

资料来源：国家统计局

2008—2017 年，各区域保费收入均呈现出上涨的趋势，就全国占比来看，各个区域占比变动不大，基本保持了稳步的发展，但从整体上来看，东部沿海和北部沿海这两个综合经济区依旧处于领先地位，总额占到全国保费收入的 40%以上。东北和大西北这两个综合经济区保费收入相对较少，但大西北、西南综合经济区的增速还是比较快的，这说明西部大开发取得了一定的成效，但和其他区域的差距仍在进一步拉大（见表 1-7）。

表 1-7　各区域保费收入全国占比

年份	东北	北部	东部	南部	黄河中游	长江中游	西南	大西北
2008	8.04%	19.75%	20.30%	12.61%	12.40%	11.95%	11.69%	3.26%
2009	7.74%	20.37%	20.21%	12.11%	12.31%	12.12%	11.95%	3.18%
2010	7.62%	20.62%	20.13%	11.96%	12.56%	11.99%	12.03%	3.09%
2011	6.85%	19.82%	20.03%	12.11%	13.27%	12.16%	12.51%	3.25%
2012	6.79%	20.07%	20.40%	12.03%	12.75%	11.95%	12.55%	3.46%
2013	7.43%	19.78%	19.71%	14.88%	11.79%	11.07%	11.97%	3.37%
2014	7.40%	19.68%	19.74%	12.91%	12.16%	11.99%	12.57%	3.55%

续表

年份	东北	北部	东部	南部	黄河中游	长江中游	西南	大西北
2015	7.63%	19.86%	19.04%	12.83%	12.35%	12.17%	12.60%	3.53%
2016	7.18%	20.08%	19.80%	13.36%	11.91%	11.79%	12.51%	3.36%
2017	7.35%	19.25%	20.09%	12.47%	12.50%	12.53%	12.40%	3.40%

资料来源：国家统计局

三、中国金融资源区域分布差异演变的实证分析

（一）核心金融资源区域分布差异演变的度量方法

1. 研究空间的选择

从自然条件和资源禀赋本身的角度出发，考虑到空间距离和经济发展水平，为便于区域研究和政策建议分析，本章以八大综合经济区为大尺度空间单元，以省级单元为小尺度空间单元。八大经济区包括：东北综合经济区（辽宁、吉林、黑龙江），北部沿海综合经济区（北京、天津、河北、山东），东部沿海综合经济区（上海、江苏、浙江），南部沿海经济区（福建、广东、海南），黄河中游综合经济区（陕西、山西、河南、内蒙古），长江中游综合经济区（湖北、湖南、江西、安徽），西南综合经济区（云南、贵州、四川、重庆、广西），大西北综合经济区（甘肃、青海、宁夏、西藏、新疆）。

2. 研究方法的选择

描述差异性的指标有很多，主要包括极差、标准差、变异系数、基尼系数和泰尔指数等，其中泰尔指数适用于不同空间尺度的分解。本章主要基于空间尺度的分解研究，相对于其他衡量区域差异的方法具有一定的优势，泰尔指数可以将总体差异分解为组间差异和组内差异分别进行研究。金融资源地区分布差异的度量可以借鉴收入差距的度量方法，用泰尔指数来研究区域金融资源的差异。组内差异和组间差异之和表达为总体泰尔指数，相对而言，泰尔指数越大，金融资源空间分布差异越大。

本章选取核心金融资源总量来衡量区域的金融资源情况，为金融机构存贷款余额、保费收入、股票筹资额和实际利用外资之和 Z 。另外对于各省的人口，考虑到人口的迁移现象，这里选取各省、市、自治区年末的常住人口

取代其年末户籍统计人口指标（P）。泰尔指数越大，表示人均金融资源差异相对越大。因此八个区域（东北部 T_{EN} 、北部 T_N 、东部 T_E 、南部 T_S 、黄河中游 T_H 、长江中游 T_C 、西南部 T_{WS} 、大西北 T_{WN} ）的泰尔指数可以表示为：

$$T_j = \sum_{i=1}^{n} \frac{Z_i}{Z_j} \ln\left(\frac{Z_i/Z_j}{P_i/P_j}\right) \tag{1-3}$$

其中，Z_i 表示第 i 个地区金融资源总值，Z_j 表示第 j 个区域的金融资源总量，Z 表示全国金融资源总量，P_i 表示第 i 个地区的人口数量，P_j 表示第 j 个区域的人口数量，P 表示全国人口总量，T_j 表示第 j 个区域的泰尔指数。i 表示地区，在此处表示各区域内的各省市；j 表示各个区域。具体来说，Z_{EN} 、Z_N 、Z_E 、Z_S 、Z_H 、Z_C 、Z_{WS} 、Z_{WN} 分别表示东北、北部沿海、东部沿海、南部沿海、黄河中游、长江中游、西南、大西北综合经济区的金融资源总值，P_{EN} 、P_N 、P_E 、P_S 、P_H 、P_C 、P_{WS}、 P_{WN} 分别表示东北、北部沿海、东部沿海、南部沿海、黄河中游、长江中游、西南、大西北综合经济区的人口数量。

泰尔指数可以进行分解，分解为区域间的差异和区域内的差异，也就是说，总体差异 T 等于区域内差异 T_A 和区域间差异 T_B 之和：

其中：

$$\begin{aligned} T_B = {} & \frac{Z_{EN}}{Z} \times \ln\frac{Z_{EN}/Z}{P_{EN}/P} + \frac{Z_N}{Z} \times \ln\frac{Z_N/Z}{P_N/P} + \frac{Z_E}{Z} \times \ln\frac{Z_E/Z}{P_E/P} + \frac{Z_S}{Z} \times \ln\frac{Z_S/Z}{P_S/P} + \\ & \frac{Z_H}{Z} \times \ln\frac{Z_H/Z}{P_H/P} + \frac{Z_C}{Z} \times \ln\frac{Z_C/Z}{P_C/P} + \frac{Z_{WS}}{Z} \times \ln\frac{Z_{WS}/Z}{P_{WS}/P} + \frac{Z_{WN}}{Z} \times \ln\frac{Z_{WN}/Z}{P_{WN}/P} \end{aligned} \tag{1-4}$$

T_A 等于八个区域内的差异加权之和：

$$\begin{aligned} T_A = {} & \frac{Z_{EN}}{Z} \times T_{EN} + \frac{Z_N}{Z} \times T_N + \frac{Z_E}{Z} \times T_E + \frac{Z_S}{Z} \times T_S + \frac{Z_H}{Z} \times T_H + \\ & \frac{Z_C}{Z} \times T_C + \frac{Z_{WS}}{Z} \times T_{WS} + \frac{Z_{WN}}{Z} \times T_{WN} \end{aligned} \tag{1-5}$$

所以，

$$T = T_A + T_B \tag{1-6}$$

（二）核心金融资源区域分布差异演变的分析及主要特征

根据泰尔指数计算出我国 2008—2017 年金融资源区域分布的区域内差

异、区域间差异和总体差异，计算结果如表 1-8 所示。

表 1-8　我国金融资源区域分布差异的泰尔指数

年份	T_A	T_B	T
2008	0.143 0	0.134 6	0.277 5
2009	0.134 2	0.123 7	0.257 9
2010	0.121 5	0.112 2	0.233 8
2011	0.114 0	0.102 8	0.216 8
2012	0.105 1	0.094 9	0.200 0
2013	0.096 5	0.087 3	0.183 7
2014	0.093 0	0.081 2	0.174 2
2015	0.103 7	0.084 5	0.188 2
2016	0.096 6	0.080 8	0.177 3
2017	0.092 2	0.076 2	0.168 4

通过计算结果（见表 1-8）和结果变动趋势图（见图 1-6），我们可以看出，我国的金融资源区域分布的区域内差异、区域间差异和总体差异都呈现出先缩小后增大再缩小的趋势，而且三者存在波动。

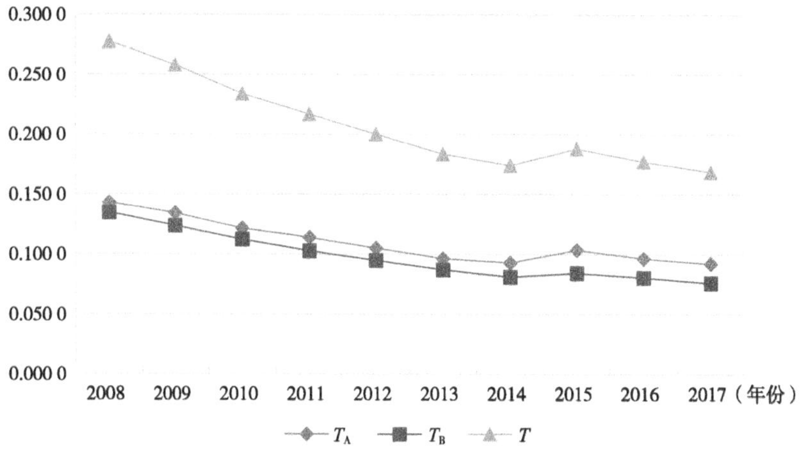

图 1-6　我国金融资源区域分布总体差异、区间差异和区内差异

2008—2014 年总体泰尔指数呈现出下降的趋势，但在 2015 年有小幅度扩大，由 0.174 2 上涨到 0.188 2，2016 年后又呈现出下降的趋势，由 0.188 2 下降到 0.168 4，表明我国的金融资源区域分布整体差异在稍微下降后又有所扩大，之后又有缩小的态势。区域内差异与总体差异在变动趋势上更接近，这与将全国分成三个区域进行研究文献的结论一致，但细化后的区域内差异和区域间差异的差距缩小，说明近几年的区域协调发展和进一步的区域划分有一定的成效。

根据泰尔指数的可分解性，我们还可以分别计算出我国东北、北部沿海、东部沿海、南部沿海、黄河中游、长江中游、西南、大西北这八大综合经济区区域内部金融资源区域分布差异的情况，结果见图 1-7 和表 1-9。

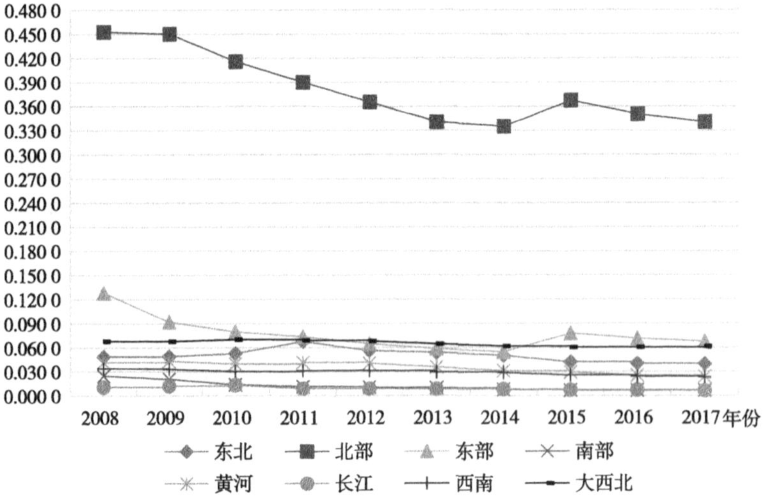

图 1-7　八大区域泰尔指数

表 1-9　我国金融资源区域分布差异的泰尔指数分解

年份	东北 T_{EN}	北部 T_N	东部 T_E	南部 T_S	黄河中游 T_H	长江中游 T_C	西南 T_{WS}	大西北 T_{WN}
2008	0.049 1	0.452 8	0.128 2	0.024 8	0.042 0	0.010 9	0.034 0	0.068 1
2009	0.049 1	0.450 2	0.092 0	0.020 6	0.043 4	0.012 2	0.033 3	0.067 8

续表

年份	东北 T_{EN}	北部 T_N	东部 T_E	南部 T_S	黄河中游 T_H	长江中游 T_C	西南 T_{WS}	大西北 T_{WN}
2010	0.052 9	0.415 9	0.079 7	0.013 6	0.039 9	0.013 0	0.030 6	0.070 1
2011	0.067 8	0.390 2	0.073 8	0.011 5	0.041 7	0.009 1	0.031 6	0.069 1
2012	0.056 3	0.365 5	0.064 9	0.010 6	0.040 6	0.008 8	0.031 4	0.068 2
2013	0.054 0	0.340 5	0.058 6	0.009 8	0.035 9	0.008 4	0.029 6	0.064 6
2014	0.050 1	0.334 9	0.054 7	0.007 8	0.031 1	0.008 3	0.028 8	0.061 7
2015	0.042 0	0.367 4	0.077 6	0.006 8	0.029 1	0.007 2	0.025 6	0.060 0
2016	0.040 1	0.350 3	0.071 2	0.006 7	0.025 3	0.007 1	0.023 8	0.060 2
2017	0.039 5	0.340 5	0.067 6	0.006 6	0.023 8	0.006 3	0.023 0	0.061 1

根据表 1-9 的结果，我们可以看出各区域的泰尔指数数值，从相对数值的大小来看，北部沿海综合经济区呈现出最大的差异性，东部沿海综合经济区波动性较大，其他综合经济区相对趋势比较平稳。北部沿海综合经济区包括了京津冀和山东省，作为全国最有实力的技术研发和制造区域，其内部差异也相对较大，相较于北京市和天津市，河北省的金融发展水平还是有很大的差距，京津冀协同发展战略还有待进一步推进和落实。

八大经济区域的划分方式使各区域之间的差异得到了进一步的细化，通过细化经济区我们可以看出，北部沿海综合经济区差异相对较大，表明北部沿海综合经济区省份之间金融资源分布的差异波动明显。

泰尔指数的可分解性还可以进一步计算获得贡献率，来评价区域之间以及区域内部增长差异对总体差异的影响程度。我们可以用 T_A/T 表示区域内的差异对总体差异的贡献率，用 T_B/T 表示区域间的差异对总体差异的贡献率，用 $Z_{EN}/Z \times T_{EN}/T$、$Z_N/Z \times T_N/T$、$Z_E/Z \times T_E/T$、$Z_S/Z \times T_S/T$、$Z_H/Z \times T_H/T$、$Z_C/Z \times T_C/T$、$Z_{WS}/Z \times T_{WS}/T$、$Z_{WN}/Z \times T_{WN}/T$ 分别表示东北、北部沿海、东部沿海、南部沿海、黄河中游、长江中游、西南、大西北综合经济区对总体差异的贡献率，计算结果如表 1-10 所示。

表 1-10 我国金融资源区间和区内差异贡献率

年份	区内贡献率	区间贡献率
2008	51.52%	48.48%
2009	52.03%	47.97%
2010	51.99%	48.01%
2011	52.57%	47.43%
2012	52.56%	47.44%
2013	52.50%	47.50%
2014	53.38%	46.62%
2015	55.08%	44.92%
2016	54.45%	45.55%
2017	54.76%	45.24%

我们可以看到，从 2008 年到 2017 年，区域内差异对总体差异的贡献都在 50%以上，最高是 55.08%，呈现出比重逐年增加的趋势，这表明金融资源的总体分布差异越来越体现在这八个区域内的分布差异上。根据图 1-7 泰尔指数的变化趋势，我们可以看到总体泰尔指数趋势与区域内泰尔指数趋势更加一致，也验证了这一结论。也就是说，在我国区域金融发展的竞争中，各大区域之间的差异有稍微得到缓解的趋势，而各个经济区内部出现了越来越明显的分化。因此，要实现区域协调发展，除了要聚焦八大区域之间的差异，更要着手缩小区域内部的差异。尽管对于八大经济区域的划分优于三大地区，仍有待进一步的完善。

此外，通过表 1-11 各区域的贡献率结果，我们可以看出，2008—2017 年，北部沿海综合经济区的贡献率比较大，平均在 37%左右波动，东部沿海综合经济区的贡献率在 2008—2014 年呈现出下降的趋势，2014 年之后逐年上升，贡献率逐渐增大。这也说明，北部沿海综合经济区和东部沿海综合经济区两个区域金融资源的分布差异对总体差异起到了绝对的影响作用，其他区域金融资源的分布差异对总体差异影响微弱且变动不大。从差异贡献率高的北部沿海和东部沿海这两个综合经济区域来看，聚焦京津冀一体化协同发展、进一步推进长三角地区的合作、以中心城市带动周边城市的城市群发展战略也许是未来值得关注和研究的一个方向。

表 1-11　我国金融资源区域分布差异贡献率

年份	东北贡献率	北部贡献率	东部贡献率	南部贡献率	黄河中游贡献率	长江中游贡献率	西南贡献率	大西北贡献率
2008	1.27%	33.75%	11.41%	1.34%	1.42%	0.39%	1.26%	0.67%
2009	1.34%	36.62%	8.77%	1.17%	1.56%	0.47%	1.39%	0.72%
2010	1.58%	36.77%	8.33%	0.85%	1.59%	0.57%	1.43%	0.86%
2011	2.29%	36.52%	8.15%	0.76%	1.82%	0.43%	1.64%	0.97%
2012	1.99%	36.90%	7.59%	0.76%	1.95%	0.46%	1.81%	1.10%
2013	2.08%	36.89%	7.27%	0.78%	1.89%	0.50%	1.91%	1.18%
2014	2.03%	38.20%	7.03%	0.64%	1.73%	0.53%	1.99%	1.23%
2015	1.52%	39.02%	9.36%	0.52%	1.48%	0.43%	1.63%	1.12%
2016	1.49%	38.75%	9.04%	0.54%	1.36%	0.47%	1.61%	1.18%
2017	1.51%	39.02%	8.93%	0.57%	1.35%	0.46%	1.65%	1.28%

第五节　区域金融资源差异对经济的影响

一、区域金融资源差异对经济的影响：实证分析

（一）变量的选择

研究表明，金融资源分布差异通过其转化为投资和消费的效率、通过自身的配置和引导改善资金流向的力度、通过其作用于其他经济增长相关要素的力度，以及通过其自身的差异这四大机制影响经济。金融资源的差异会对经济发展的差异性产生一定的影响。关于这方面的回归分析，许多学者进行了探讨性研究，例如，干春晖和郑若谷（2010）在变量的选择上选取人均GDP 的基尼系数和其加权变异系数对泰尔指数进行回归分析来研究产业结构

和区域经济差异的关系。赵伟和马瑞勇在变量的选取上选取了金融增长差异的变异系数和人均 GDP 的自然对数的变异系数来进行回归分析，得出结论：地区金融增长差异和地区经济发展差异之间存在显著的相关关系。在研究和总结大量的文献的基础上，为了检验金融资源区域分布差异对经济发展区域差异的影响，对于解释变量的选取，本章选取各区域金融资源的泰尔指数（T）（参照第四节的计算方法和数据来源），即反映各区域金融资源分布差异的指标；对于被解释变量，选取各区域人均 GDP 的变异系数 CV（GRP），用以反映各区域经济差异的指标。

（二）模型的建立

本章所研究的金融资源区域分布差异对经济区域差异的影响不仅涉及我国八大经济区的横截面维度，而且涉及 2008—2017 年的时间维度，所以选取面板数据进行回归分析。此外通过建立我国 2008—2017 年八大经济区域的面板数据来进行实证分析，面板的关键变量为衡量区域金融发展差异的指标泰尔指数（T_i）和衡量区域经济发展差异的人均区域生产总值的变异系数 $CV_i(GRP)$，初步建立模型如下：

$$CV(GRP)_{it} = c + \beta T_{it} + \varepsilon_{it} \tag{1-7}$$

其中，$CV(GRP)_{it}$ 为被解释变量，代表第 i 个区域在第 t 年的人均生产总值的变异系数；T_{it} 为解释变量，代表第 i 个区域在第 t 年的泰尔指数；ε_{it} 代表随机干扰项。

（三）实证检验

本章选取中国八个经济区 2008—2017 年的泰尔指数和人均 GDP 的变异系数进行面板数据的实证分析，总计 80 个数据的描述性统计如表 1-12 所示。

表 1-12　变量描述性统计

Variable	Mean	Maximum	Minimum	Std. Dev.
CV（GRP）	0.221 5	0.386 3	0.115 9	0.076 5
T	0.082 3	0.452 8	0.006 3	0.117 0

由于面板数据可能会存在伪回归的现象，所以在进行具体的估计前，首先需要对被解释变量和解释变量进行单位根检验，判断其是否为平稳序列。

如果结果表明序列是平稳的，则可以进行回归分析；如果结果表明序列不能通过单位根检验，则需要通过协整检验来分析样本之间是否拥有长期稳定的关系。

首先，对各个变量进行单位根检验。本章选取了 ADF 检验和 LLC 检验两种检验方法对被解释变量和解释变量进行单位根检验，ADF 检验和 LLC 检验的原假设均存在单位根，即在5%的置信水平下，若 P 值小于0.05，则可以拒绝单位根的假设，说明序列平稳。由结果（见表 1-13）可知，在 5%的置信水平下，检验变量的观测值都拒绝了原假设，因此人均区域生产总值的变异系数 CV（GRP）和泰尔指数 T 均为平稳序列，可以进行回归分析。

表 1-13　单位根检验结果

检验方法	Variable	Statistic	Prob.	结论
ADF	CV（GRP）	36.833 9***	0.002 2	平稳
	T	28.253 9**	0.029 5	平稳
LLC	CV（GRP）	-9.195 8***	0.000 0	平稳
	T	-4.816 0***	0.000 0	平稳

注：*** $p<0.01$，** $p<0.05$，* $p<0.1$

其次，我们进行面板数据回归模型的选择。通过各项检验来确定面板数据回归的具体模型，也就是混合回归模型、固定效应模型和随机效应模型。首先通过 F 检验来判断是否应该选择混合回归模型。结果见表 1-14，F 检验的 F 值为40.891 1，对应 P 值为0，拒绝应建立混合回归模型的原假设，所以应该选择固定效应或随机效应模型。

表 1-14　*F* 检验结果

Effects Test	Statistic	Prob.
F	40.891 1	0.000 0

最后，通过 Hausman 检验来判断是否应该建立随机效应模型，检验结果见表 1-15，Hausman 检验的卡方值为 0.911 1，对应 P 值为 0.339 8，大于 0.05，所以接受原假设，应采用随机效应模型。

表 1-15 Hausman 检验结果

Test Summary	Chi-Sq. Statistic	Prob.
Random	0. 911 1	0. 339 8

我们对变量进行回归分析，回归结果见表 1-16，变量 T 的估计系数为 0. 563 9，在 1%的置信水平下显著（P 值=0<0. 01）。

表 1-16 模型结果

Variable	Coefficient	Std. Error	t-Statistic	Prob.
c	0. 175 1***	0. 022 5	7. 777 8	0. 000 0
T	0. 563 9***	0. 121 9	4. 625 6	0. 000 0

注：*** $P<0.01$，** $P<0.05$，* $P<0.1$

因此，得到回归方程如下：

$$CV(GRP)_{it} = 0.1751 + 0.5639\, T_{it} + \varepsilon_{it} \tag{1-8}$$

（四）结果分析

式 1-8 的回归方程的参数在 1%水平上显著，根据回归结果我们可以通过系数的正负和大小进行分析。如果系数为正，则区域金融资源分布差异越大，区域经济差异也越大。从大小来看，如果系数大于 1，也就意味着用泰尔指数衡量，中国的区域金融资源分布差异要小于中国的区域经济差异，反之亦成立。回归方程系数为 0. 563 9，为正且小于 1，所以用泰尔指数衡量差异的话，区域金融资源分布差异要大于区域经济差异，且金融资源分布差异越大，经济差异也越大。金融资源区域分布差异每增加 1 个百分点，经济差异增加 0. 563 9 个百分点。

人均 GDP 在一定程度上包含了社会公平和平等的含义，与工业化进程和实现社会稳定也具有一定内在联系。对于区域经济差异问题的研究，学者们一直都在进行且不断深入。如果区域经济差异过大，会导致发展机会不公平、资源配置不合理，进而危害经济的健康增长和社会的和谐发展。应该减缓区域绝对差异的快速扩大，使区域经济差异控制在社会心理所能承受的合理范围和警戒线之内，从而实现区域共同发展、共同富裕的目标。国家要实现经济均衡发展，要求区域经济差异不宜过大，也就是说金融资源的差异也不宜过大。从前面的研究可知，我国的区域金融水平存在差异性且有整体扩大的趋势，金融和经济活动随着时间的推进在不断变化和调整，存在区域金融差异客观上也是具有必然性和合理性的。金融差异的存在有时会促进金融发展，提高金融效率，但若不加防范地任其扩大下去，又会导致经济差异过大，进而影响经济的健康增长和社会的和谐发展。所以本章从金融资源分布差异形成的原因入手，分析各区域的具体情况，进而因地制宜地提出具体的应对措施，防止差异扩大，实现各区域均衡发展。

二、区域金融资源差异形成的原因分析

（一）区域国家政策的差异

改革开放初期，我国对东部沿海地区实行了政策倾斜，促使沿海地区经济和金融先行发展起来，在金融方面也实行了一系列的优惠政策。譬如，2012 年 5 月我国在北京、天津、上海等六个东部沿海区域的省市开展中小企业私募债券业务的试点工作，用来解决中小企业融资难的问题。2017 年，加大长三角、珠三角和京津冀三个经济圈的改革力度，实施创新驱动发展战略，有效提升这几个区域社会经济发展的活力和潜力。除此以外，20 世纪 80 年代，为了进一步推进东部沿海区域的发展，中国人民银行在广东省等东部沿海区域施行比其他地方更加宽松的金融利率浮动和自主低息贷款，这极大地促进了当地的银行业和经济的发展。另外，国家还积极推进国外保险公司在东部沿海、北部沿海、南部沿海、长江中游和黄河中游经济区设立分支机构，这种政策的倾斜优惠促使区域内保险主体大幅增加，从而加剧了我国经济区域间保险业发展的不平衡。在我国，相较于其他因素，政策导向对区域金融资源及其发展起着举足轻重的作用，区域政策的差异将在很大程度上影响金融资源区域分布差异。

（二）区域市场化进程的差异

我国由传统计划经济向市场经济转型过程中，国民经济运行机制和资源配置方式乃至经济发展战略都发生了巨大的改变。市场化改革，空间上由沿海地区向内陆地区推进，导致不同区域在市场化进程上出现了差异。与此同时，市场化进程的区域差异又对各区域的金融差异产生直接影响，尤其是进

入20世纪90年代后，市场机制开始在资源配置中起主导性作用，金融资源以市场为基本导向实现其在区域间的配置。由于东部、北部沿海、长江中游、南部沿海这四个综合经济区的内部市场化程度远远高于大西北、西南等其他区域，随着这些区域内部市场化改革的不断深入，这些区域内部金融资源流动的速度加快，数量也随之增加，进而使得各个区域内部金融增长的差异呈现出不断增大的趋势。广东省、浙江省、福建省、江苏省等沿海省份的市场化取得了决定性进展，而青海省、宁夏回族自治区、新疆维吾尔自治区等大西北省份的市场化进程较慢，拉大了区域间发展水平的差距，不利于全国统一大市场的形成。

（三）区域地理因素的差异

各区域自然地理因素的差异在一定程度上直接对其区域金融发展的水平产生影响。东部、北部、长江中游、南部沿海和黄河中游这五大综合经济区具有先天的地理优势，有着丰富的公路、铁路、航运资源，四通八达，吸引海外投资具有很大优势，能够拉动该区域与毗邻国家和地区的贸易往来，促进金融和经济的发展。此外，沿海地区温和湿润的气候创造了优越的居住条件，港口众多，吸引了大量的游客观光，从而带动了当地旅游业发展，促进消费，拉动经济。相比之下，我国西南综合经济区、大西北综合经济区的地理环境复杂，导致其交通很不便利，造成该区域经济欠发达，金融资源分布不均。从前文所述可知，区域内金融资源差异要比区域间的金融资源差异更为明显，特别是北部沿海综合经济区内部金融差异更大，而西南综合经济区和大西北综合经济区区域内金融差异水平相对较小，同一区域内省市的地理位置对于差异的形成也会起到一定的作用。作为内生因素的地理因素差异在一定程度上导致了区域金融资源分布上的差异和金融发展水平的差异。

（四）区域金融意识的差异

区域金融意识差异也会在一定程度上影响区域金融的差异水平。金融机构的业务水平与人们的需求和意识有很大关系，相对落后地区的金融意识水平比较低，这就使得金融机构的业务没有充足的市场来开展。相较而言，在经济较发达的东部沿海和北部沿海这两个综合经济区，以北京和上海为例，当地居民受教育程度普遍较高，人们的理财意识、对于金融产品的需求和对现代金融体系和制度的熟悉程度也更高，金融意识总体水平相对较高。以保险业为例，截至2017年底，我国东部沿海综合经济区的保费收入为6 880.87亿元，大西北综合经济区为1 163.36亿元，仅仅一个东部沿海综合经济区的保费收入将近大西北综合经济区的近6倍，差距相当悬殊。与我国东部沿海综合经济区相比，大西北综合经济区人们的思想相对落后，储蓄意识强烈，投资意识薄弱，对保险知识的认识相对不足。

第六节　研究结论和政策建议

一、研究结论

首先，我国八大经济区的总体金融资源分布存在很大的差异性，但也存在新的变动趋势。东部沿海综合经济区拥有最多的金融资源总量，这主要归功于长三角经济圈的协同发展，而作为我国金融中心的上海市对金融资源总量的贡献不容小觑。北部沿海经济区拥有京津冀经济圈，拥有众多金融机构总部的北京市所拥有的金融资源也很多，东部沿海经济区在整个大东部地区也发挥着重要作用。我们可以看到，以中心城市带动城市圈发展的理念是有一定成效的。东北综合经济区和大西北综合经济区金融资源总量和其他区域之间的差异比较大，进一步考察分行业的金融资源分布情况，会发现各类金融资源在区域分布上表现各异。按区域差异从小到大排序，大致为存贷款资源、保费收入和股票筹资额，其中，股票筹资额的区域差异扩大趋势明显，而存贷款资源差异有所缓和。

其次，2008—2017年我国各区域金融资源差异泰尔指数呈现出先缩小后扩大再缩小的趋势，并且各区域内部差异在总体差异中发挥了重要的作用。因此，要实现区域协调发展，除了要聚焦八大区域之间的差异情况，更要着手缩小区域内部的差异。近几年，各区域在经济发展速度方面都呈现出快速发展的特点，这有利于进一步统筹区域发展，改善相对落后区域的经济发展条件，进而实现经济新常态。因此，各个区域均应抓住机遇，努力缩小区域间的差异，以实现各区域经济的长远协调发展。

再次，我国区域金融资源分布差异越大，区域经济差异相应也越大。进一步讲，区域经济差异如果过大，会导致发展机会不公平、资源配置不合理，进而累及经济的健康增长和社会的和谐发展。经济的均衡发展关系国家命脉，要实现经济均衡发展，将差异保持在适当水平——过小会影响经济发展，过大则会抑制经济发展，这也要求我们关注金融资源的差异性，使其保持在适当水平。

最后，形成金融资源差异的原因有外在因素也有内在因素，包括区域自身地理环境、市场化水平等历史性原因，也有金融意识、国家政策等文化制度因素。我们应该对各个区域进行有针对性的深入分析，因地制宜。制定政策不仅着眼于近期效果，更要兼具长期功效，既处理好效率问题，也要考虑到公平问题。充分考虑各区域的区位优势和现状，加强区域的交流与合作，通过区域金融中心扩大金融影响的范围和强度，进而缩小区域金融发展的差异，最终实现金融和经济的均衡发展。

二、政策建议

我国区域间金融水平存在一定的差异，是金融发展和金融分工的必然结果。但是如果区域经济与金融差异过大，会导致发展机会不公平、资源配置不合理，进而影响经济的健康增长和社会的和谐发展。国家经济要均衡发展，经济差异就不宜过大，也就是说金融资源的差异也不能过大。本章分析了各个经济区域的金融资源分布差异情况，发现八大经济区之间的绝对差异在逐渐增大，相对差异稍有减少。这是区域国家政策差异、区域市场化进程差异、区域地理因素差异和区域金融意识差异等综合作用的结果。因此，我们要根据不同区域的特点，实施有针对性的政策，做到因地制宜，避免“一刀切”，进而实现我国区域金融资源优化和区域经济均衡发展。

首先，对于北部沿海综合经济区和东部沿海综合经济区来说，其金融资源分布丰富但其内部存在着较大的差异，应该加快其金融结构与产业结构的同步调整。要适时根据其产业调整方向来调整金融结构，充分发挥为实体经济服务的职能，不仅发挥基础层次金融资源的作用，也要进一步加强实体性中间金融资源和整体功能性高层金融资源的作用。北部沿海综合经济区作为技术研发和制造中心，国家应该进一步加大落实知识产权保护政策的力度，鼓励企业进行科技创新；建立科学的激励机制，加强科研人员科技创新积极性；鼓励企业加大科研投入，如通过补助和减税的形式来引导企业科技创新，降低创新成本。

其次，对于南部沿海经济区、黄河中游综合经济区和长江中游综合经济区来说，其整体上拥有较多的金融资源，区域内差异相对较小，因此应加强区域金融合作以促进金融和经济均衡发展，尤其在近年经济下行背景下，加强区域金融合作的促进作用会更加显著。《泛珠三角区域合作框架协议》提出，使劳动力和资源由西南、大西北综合经济区向东部、南部、北部沿海综合经济区转移，而产业则由这三个地区向西南和大西北转移，促进金融和经济的均衡发展。例如，江西省加入《泛珠三角区域合作框架协议》后，通过从港澳台和其他省份引入资金和项目，带动了其经济和金融的快速发展。加强区域金融合作的途径可从两个角度进行考虑：一方面，政府应进一步构建区域金融合作平台，方便区域间的交流合作，尽可能消除区域限制，打造统一的金融服务机构，减少金融机构因为跨区而产生的运作成本，如建立跨区域性合作银行等；另一方面，金融机构要进一步加强合作，从而带动区域间的金融合作，实现区域金融和经济均衡发展。

再次，对于东北综合经济区、西南综合经济区和大西北综合经济区来说，其金融资源分布相对较少，与其他区域差异较大，内部差异较小，应该实行差别化的金融管理政策。在宏观上统一金融政策的大背景下，考虑各个区域之间的差异，有针对性地实行差别化的金融管理政策，切实促进金融和经济的均衡发展。例如，可以适当放松东北、西南和大西北三个综合经济区的贷款利率的浮动范围，给当地的金融机构相对更大的自主权，根据他们实际的经济金融情况制定合理的贷款利率，从而提高区域内主体对于贷款的积极性。政府还可以制定相应的向欠发达区域倾斜的信贷政策，进而缩小区域金融差距水平。此外，也应该加强金融生态环境的建设，促进金融与实体经济形成良性循环。例如，四川省开展的“金融守信红名单企业评选活动”和湖北省针对金融失信问题而展开的打击“老赖”等金融维权行动成效明显，应继续保持和进一步完善。

总之，必须正视金融发展水平与金融资源的差异，认清缩小金融资源的差距不是短期就可以实现的，而是一个长期过程。在这个过程中，国家的区域政策、市场化进程、地理因素和金融意识等因素都会对其产生影响，所以制定区域金融政策时，不仅着眼于近期效果，更要兼顾长期功效，既处理好效率问题，也要考虑到公平问题。应当引导区域间的生产要素自由流动，通过政府和市场的力量改善产业结构，依托各区域固有设施和资源条件形成各自的特色产业链；同时政府要注重引导各个产业链之间形成合作关系，从而实现金融资源的空间整合和优化，推动区域协调发展。

第二章　环渤海区域金融发展与金融资源差异

本书第二章至第六章在八大经济区域划分的基础上，结合经济发展新特征（十字形差异和经济增长极），重点探讨环首都区域（环渤海、京津冀）、典型东部区域（海西经济区）、典型西部区域（重庆与广西）的金融发展与金融资源差异问题。本书选择这些区域基于以下原因：①环首都区域。该区域不仅是北部沿海与东部区域的结合点，而且是南北经济差异的平衡点。②海西经济区。该区域位于东部沿海、南部沿海和长江中下游区域的结合点，更是新经济增长极，尤其是海西经济区可以与台湾构成新发展区域。③重庆与广西区域。该区域既是东西部区域的结合点，又是典型西部区域的新经济增长极，更是东西经济差异的平衡点；广西可以与东盟形成新发展区域，重庆是西部唯一的直辖市，可以带动西部的全面发展。

这部分研究具有以下特点：①研究下沉到地级区域金融资源层面。由于地级市统计数据不够完备，为保证数据可靠连续，我们的数据选择有所差异，如环首都区域采用 2003—2016 年数据，海西经济区域采用 2004—2016 年数据，西部区域（重庆和广西）采用 2008—2017 年数据。②利用泰尔指数分析金融资源（金融发展）差异，但各区域的具体指标设计上有一定差别，以便多侧面地研究各区域金融特征。③提出区域金融发展与金融资源优化的政策建议，探讨金融发展（金融资源）与经济影响协调发展之道。

本章探讨环渤海区域金融发展与金融资源差异问题。首先，基于泰尔指数模型，选取环渤海区域各地的面板数据对区域金融资源差异进行对比与分析。其次，分析环渤海区域金融资源差异对经济发展的影响。最后，根据分析结果提出建议与对策。

第一节　环渤海区域：中国经济与金融均衡发展的支点

本章将环渤海区域界定为北京市、天津市、河北省、山东省、辽宁省，该区域包含诸多沿海城市以及众多内陆城市，拥有极具金融经济实力和政治、文化等多样功能的城市群。该区域不仅是北部沿海与东部区域的结合点，而且是南北经济差异的平衡点。在当今中国经济与金融发展呈现出“东西—南北的十字形差异”格局之时，环渤海区域经济与金融发展对中国的均衡发展具有决定性意义。

从地理位置的角度来看，环渤海经济圈由环绕渤海沿岸的多个省及直辖市组成，有利于吸引外资项目，适合发展进出口贸易。环渤海地区金融发展的优势在于：区域间的竞争与合作可促进区域内部各经济体之间的联系与互补；同时，区域间与区域内部的良性影响与相互作用，显示出环渤海地区强大的发展潜力。环渤海地区拥有独特的地缘优势：国内紧邻东北、西北、长江三角洲，辐射珠江三角洲等；国外直通俄罗斯及蒙古，与日、朝、韩隔海相望。以此为基础，环渤海区域金融的发展与国内外区域金融发展联动更为便捷，有利于展开国际金融合作、吸收国内外的投资资金。

因历史因素和政策影响，在 20 世纪 80 年代，我国首批沿海开放城市之中，有近一半位于环渤海地区。改革开放 40 多年来，环渤海经济圈也获得了不错的发展成果，截至 2018 年，中国五百强企业中有超过 1/4 分布于此。

与此同时，环渤海区域的发展也面临机遇与挑战。从制度创新的角度看，环渤海地区政府干预力量强于市场调节力量，还有更充分发挥市场配置资源能力的空间。从企业结构的角度来看，环渤海地区分布的优秀企业大都是成熟的大型企业，中小企业占比较小，缺乏活跃的新生力量。从长远发展的角度来看，区域内部金融发展不平衡，对区域间的协同发展有较大影响。通过研究可以发现，环渤海经济圈的国有企业较多，使得该区域行政干预力量较强，这虽然对市场配置资源形成阻碍，但利用该特性也可为金融资源的整合与调控带来政策方面的便利。

然而，在区域金融发展上，环渤海内部各地区间金融资源分布不均衡、未得到合理配置，这会阻碍区域经济协同发展的进程，不利于经济可持续增长。因此，对环渤海经济圈内各地区进行金融发展程度差异性的研究，不仅能深化对环渤海区域金融资源差异性的认识，还有利于制定完善相关政策，推动区域金融协同发展。现有文献中专门研究探讨环渤海区域金融发展（金融资源差异）的还很少，使得我们的研究更具价值。

第二节　环渤海区域金融资源发展与金融差异分析

一、研究思路与研究方法

本章以环渤海地区金融资源为研究对象，区域金融资源主要以区域年末金融机构各项存贷款余额代替。使用泰尔指数来揭示环渤海内部各地区金融资源的差异性，其最显著的优点是可以衡量组内差异和组间差异对总差异的贡献。具体研究思路与方法如下。

首先，选用泰尔指数来量化环渤海区域金融资源差异，即使用“区域年末金融机构各项存贷款余额”代替“区域金融资源”，并以人口作为权重，建立泰尔指数模型来度量区域金融资源的差异性，具体研究包括：①河北、山东、辽宁三省的泰尔指数及其分解；②环渤海区域内各城市金融资源组内差异的泰尔指数对比分析；③三省间的金融资源差异与环渤海区域内各城市间的金融资源差异的泰尔指数对分析。

其次，分析区域金融资源差异对经济发展的影响，即对河北、山东、辽宁的区域金融资源差异程度（组内差异泰尔指数）与经济发展（GDP 变异系数）进行格兰杰因果关系检验。

最后，依据区域金融差异和格兰杰检验的实证结果，给出相关金融发展及金融资源优化的政策建议。

二、数据选取

本章将环渤海地区界定为沿渤海的五个省级区域，即北京市、天津市、河北省、山东省、辽宁省，并包括该区域的地级城市。

泰尔指数的模型选取“区域年末金融机构各项存贷款余额”代替“区域金融资源”，并以人口作为权重，建立泰尔指数模型来度量区域金融资源的差异性：①河北、山东、辽宁三省的泰尔指数及其分解选取2003—2016年的区县与省级相关年度数据；②在环渤海区域内各城市金融发展组内差异的泰尔指数对比中，北京、天津由于市内各区数据完整度的局限，选取2003—2012年的相关市级与区级年度数据；③在河北、山东、辽宁三省间的金融差异与环渤海区域内各城市间的金融差异的对比中，选取2003—2016年的省及市级相关年度数据。

本章除常住人口和人均GDP数据来自知网数据库外，其他数据来源均为Wind数据库。

三、泰尔指数模型的构建

Tai（*i*=1，2，3）代表河北、山东、辽宁三个省省内金融发展的差异程度，*Td* 表示三省之间的差异，*Ta* 表示各地区总体差异。

$$Tai = \sum_{j=1}^{n}\left[\frac{Fij}{Fi}\ln\left(\frac{Fij/Fi}{Pij/Pi}\right)\right] \tag{2-1}$$

$$Td = \sum_{i=1}^{n}\left[\frac{Fi}{F}\ln\left(\frac{Fi/F}{Pi/P}\right)\right] \tag{2-2}$$

将泰尔指数进行分解：

$$Ta = Td + \sum_{i=1}^{n}\left(\frac{Fi}{F}\times Tai\right) \tag{2-3}$$

其中，*i*=（1，2，3，4，5）分别代表河北省、山东省、辽宁省、北京市、天津市。*F* 为金融机构各项存贷款余额，*Fij* 为第 *i* 省 *j* 市在某个年份的金融机构各项存贷款余额，*Fi* 是第 *i* 省在某个年份的金融机构存贷款总额。*Pij* 是第 *i* 省第 *j* 市某一年的常住人口总和，*Pi* 是第 *i* 省在某一年的常住人口总额。对于河北省 *j*=（1，2，3，4，5，6，7），分别代表石家庄市、唐山市、秦皇岛市、邢台市、承德市、沧州市、廊坊市；对于山东省 *j*=（1，2，3，4，5，6，7，8），分别代表济南市、青岛市、淄博市、东营市、烟台市、潍坊市、威海市、滨州市；对于辽宁省 *j*=（1，2，3，4，5，6，7，8，9），分别代表沈阳市、大连市、丹东市、锦州市、营口市、阜新市、盘锦市、朝阳市、葫芦岛市；对于北京 j=（1，2，3，4，5，6，7，8，9，10，11，12，13，14，15，16），分别代表东城区、西城区、朝阳区、丰台区、石景山区、海淀区、门头沟区、房山区、通州区、顺义区、昌平区、大兴区、怀柔区、平谷区、密云区、延庆区；对于天津市 j=（1，2，3，4，5，6，7，8，9，10，11，12，13，14，15），分别代表和平区、河东区、河西区、南开区、红桥区、东丽区、西青区、津南区、北辰区、武清区、宝坻区、滨海新区、宁河区、静海区、蓟州区。

四、基于泰尔指数的金融资源差异分析

（一）组内差异的波动趋势和总体差异是一致的

在三个指标中，各年的组间差异的泰尔指数均为最低，三个省的组内差异均高于其组间差异（见图 2-1）。从曲线走势来看，组内差异与总体差异在 2003—2016 年总体呈缓慢下降趋势，总体趋势可分为三个阶段：在 2003—2005 年，组内差异与总体差异呈缓慢上升趋势，在 2005 年分别达到各自最大值；在 2005—2010 年，经过 2006 年小幅度下降后保持稳定；在 2010—2016 年，呈缓慢下降趋势。此外，组间差异的泰尔指数在 2003—2016 年在 0.23 的水平上下波动，小于其组内差异，且其波动幅度在观察时间段内不超过 0.03，趋于稳定。

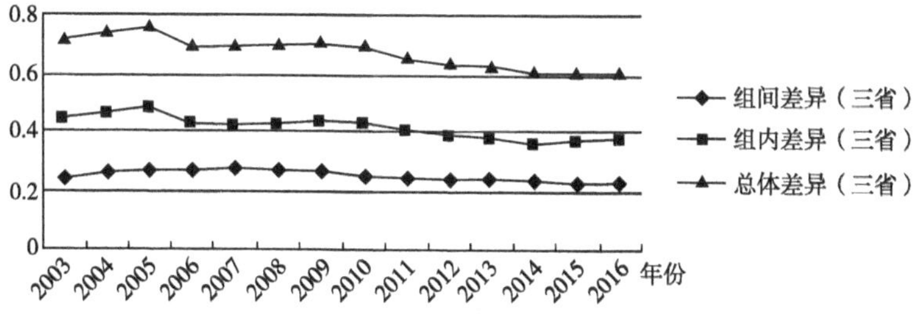

图 2-1　三省区域金融资源差异：泰尔指数及其分解

（二）河北、山东、辽宁三省波动较小，京津两市波动较大

这其中，辽宁省的组内差异均高于其他两省；北京市的组内差异在 2003—2012 年均高于其他城市。山东省与河北省的组内差异程度较为接近，

且低于辽宁省，二者在2007—2016年较稳定且金融发展差异程度相似。辽宁省组内差异的泰尔指数在2003—2010年总体呈上升趋势，并在2010年达到最大值0.23，在2010—2016年呈缓慢下降趋势。天津市的组内差异程度除2008年、2009年外，均比其他四个城市低，并且，天津市的组内差异在2003—2008年呈上升趋势，在2008—2012年呈下降趋势。北京市的组内差异在2003—2006年波动较大，在2006—2012年呈上升趋势。详见图2-2。

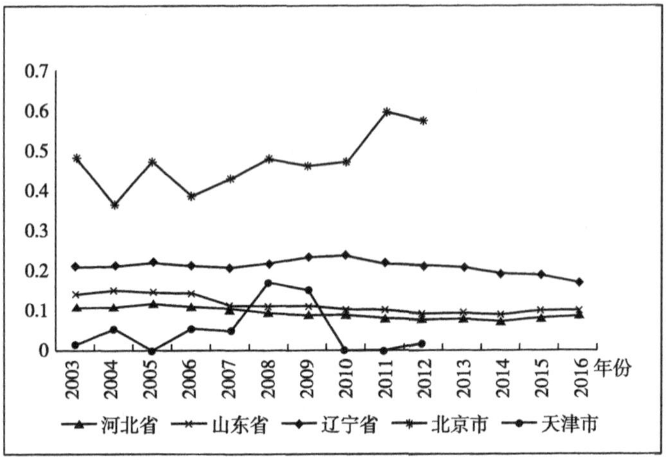

图2-2　环渤海各城市金融资源差异泰尔指数比较

（三）北京市的组内差异明显高于环渤海其他城市

北京市的组内差异明显高于环渤海其他城市，这主要是由于西城区和东城区与其他地区金融资源配置不均引起的：东城区、西城区相较于北京市其他地区来说，常住人口较少，拥有较多的金融机构存贷款余额。在北京的六个城区中，海淀区对北京金融资源组内差异的泰尔指数贡献最小，各个近郊与远郊区域对北京组内差异的泰尔指数贡献率均不超过3%，如表2-1所示。

表2-1　北京市金融资源差异泰尔指数各区贡献率

年份	东城	西城	丰台	大兴	石景山	海淀	昌平	顺义	其他区
2003	13.15%	66.88%	4.42%	2.73%	1.67%	0.44%	2.46%	2.18%	6.07%
2004	11.74%	62.40%	5.18%	2.85%	1.73%	2.28%	2.55%	2.27%	8.99%
2005	9.68%	67.63%	4.20%	2.34%	1.45%	1.76%	2.13%	1.91%	8.92%

续表

年份	东城	西城	丰台	大兴	石景山	海淀	昌平	顺义	其他区
2006	11.09%	64.02%	4.63%	2.61%	1.57%	1.40%	2.43%	2.13%	10.13%
2007	10.05%	67.94%	4.65%	2.69%	1.54%	0.70%	2.47%	2.12%	7.85%
2008	15.47%	64.26%	4.38%	2.63%	1.49%	0.64%	2.33%	1.86%	6.94%
2009	12.12%	66.82%	4.45%	2.83%	1.49%	0.32%	2.43%	1.79%	7.75%
2010	14.18%	63.51%	4.43%	2.98%	1.28%	1.73%	2.44%	1.91%	7.54%
2011	13.78%	68.51%	3.95%	2.74%	1.23%	1.68%	2.16%	1.81%	4.13%
2012	11.93%	68.32%	3.77%	2.79%	1.19%	2.11%	2.32%	1.80%	5.77%

（四）三省间金融资源差异程度趋于稳定

由图 2-3 可以看出，在 2003—2016 年，三省间金融资源差异程度在 0.23 的水平上波动，但上下浮动较小，可认为三省间金融资源差异程度在观测期内数值趋于稳定。而环渤海区域内各城市间的金融资源差异程度远大于河北、山东、辽宁三省间的金融资源差异程度，在 2003—2009 年，三省两市的城市间金融资源差异性极高，最高可达 0.94，逼近泰尔指数的上限（上限为 1）。在 2009—2016 年，环渤海区域内各城市金融发展的组间泰尔指数逐年降低，在 2016 年达到最低 0.61，但仍远高于同年三省金融发展的组间泰尔指数。

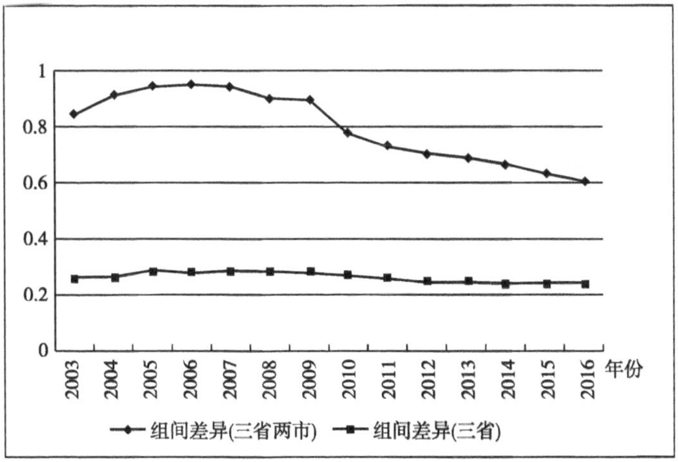

图 2-3　三省两市与三省的组间金融资源差异泰尔指数比较

第三节 环渤海区域金融资源差异资源性原因分析

一、河北省区域内差异性分析

2010年，首钢等一大批能源类产业由北京市迁至河北省，使得产业链分布更加紧密，益于企业整合完善生产流程、降低原材料与产品的运输成本以及企业管理的相关费用，进而降低产品生产成本，提高利润率，为创新技术的传播与共享搭建了有效平台。这些新聚集起来的产业群，与地区旧产业链相互促进、整合，带动河北省唐山市、沧州市等地区金融资源的调整与配置，使得区域金融发展迸发出新的活力。同时，周边城市的发展也迎来了机会，河北省各地区间协同发展，缩小了区域间金融资源的差异。2013年，河北省提出“打好四大攻坚战”，着力发展沿海地区、京津接壤地区，这两个地区发展良好，与其他地区拉开了差距。在随后的几年间，河北省内部各地区间的金融资源发展差异逐渐扩大。

二、山东省区域内差异性分析

山东省区域金融资源发展差异性自2010年起呈下降趋势，这可能是“一体两翼”发展战略的作用。它不仅促进了区域间的协调发展，还推动了山东省内部各地区的协同发展，调动区域内部各地区相互联合共谋发展，推进区域金融资源的合理配置，使得山东省内部区域金融发展不平衡的程度有所降低。

山东省区域金融资源发展差异性自2014年起呈上升趋势，这归因于青岛市新成立的财富管理金融综合改革实验区，该试验区的投入使用推动了青岛市及周边城市进一步探索与金融市场更加相适应的金融机制，并对现有的制度进行改革与创新。这使得更高效、更合理的财富管理模式被开发出来，加快了青岛市金融发展的脚步，使得山东省区域内部差异开始增大。青岛市的“蓝色硅谷”着力发展海洋经济，海洋科技研发实力雄厚，为该地区的金融发展做出了贡献，也使得山东省区域金融差异出现扩大。

三、辽宁省区域内差异性分析

辽宁省区域内部各地区间的金融差异性在2010年后呈逐渐下降趋势，这可能是由于沈阳市与大连市金融经济发展的衰退与其他城市金融向上发展态势共同作用的结果。2010年，辽宁省大连市的临海装备制造业、盘锦市和葫芦岛市的船舶业、丹东市精密装备业等均发展态势良好。同时，2011年金融支持保障性安居工程建设“阜新模式”的运行，为有需求的群体提供各项贷款以及金融配套服务，是功能性多样的金融支持系统工程，为降低区域金融差异性做出很大贡献。2014年，辽宁省金融创新成果丰富：各地金融机构积极推出新型业务，调整业务适用条件，完善服务形式，以更好为科技创新型企业和中小型企业提供资金与金融支持。营口市、阜新市等地金融机构，以之前提供的金融服务为基础，针对资金能力不强的中小企业融资难的现状，做出业务调整，优化市场中金融资源的配置，提高资金利用效率。这使得这些地区小微企业的创新创业成功率得到提高，推动了区域金融发展差异程度的进一步缩小。

四、北京市区域内差异性分析

北京是中国的首都，各项发展均处于全国的前列。本章参考孙铮、石培基（2012）的方法将北京划分为如下几个层次：①首都功能核心区，包括东城区和西城区；②城市功能拓展区，包括朝阳、海淀、丰台、石景山四个区；③城市发展新区，包括通州、顺义、大兴、昌平、房山五个区；④生态涵养发展区，包括门头沟、平谷、怀柔、密云、延庆五个区县。[①] 金融街位于西城区，是金融产业功能区与金融中心，对北京内部各区域金融资源差异的影响十分显著。北京其他区域功能各有不同，主要发展领域也有所区别，它们在金融领域的都达不到西城区的影响力。

五、天津市区域内差异性分析

2008—2009年，天津市的组内金融资源差异可以归因于国家政策对于滨

① 孙铮，石培基．北京城市发展的区域差异分析［J］．城市发展研究，2012，19（12）：56-59.

海新区的重视。塘沽作为滨海新区的重要组成部分和核心城市载体，迎来了前所未有的发展机遇。总体来说，天津市内部各地区间发展较为均衡，内部金融资源差异性较低。

六、环渤海城市间金融差异性分析

由泰尔指数的分解可以得出结论，河北、山东、辽宁三省间的区域金融差异性不大，但加上北京、天津后，三省两市的组间金融差异泰尔指数显著增大。可见，环渤海各城市间的区域金融差异主要是由北京和天津造成的。这是由于两市金融资源相对于河北、山东、辽宁而言更具有优势，且北京、天津的常住人口的全国占比较三省而言较小，且北京、天津属于直辖市，在金融规模、金融结构、金融效率、经济政策、产业结构等因素方面具有得天独厚的优势，在多方面因素的影响下，两市金融发展水平较环渤海其他省份更高。

第四节　环渤海区域金融资源差异对经济发展的影响

本节研究环渤海区域金融资源差异是否会对区域经济差异产生影响。由于北京、天津组内差异的泰尔指数数据量较少，我们选取河北、山东、辽宁三省组内差异的泰尔指数值，来代替区域金融资源差异程度，用三省 GDP 加权变异系数的年度数据来代表区域经济发展与差异情况。由此，我们对河北、山东、辽宁的区域金融资源差异程度（组内差异泰尔指数）与经济发展（GDP 变异系数）进行格兰杰因果关系检验。相关数据选用 2003—2017 年指标。

一、GDP 加权变异系数模型

$$CVi = \frac{\sqrt{\sum_{j=1}^{n}(Gj - G)^2 \frac{Pj}{P}}}{G} \tag{2-4}$$

其中，$i=$（1，2，3）分别代表河北省、山东省、辽宁省，n 表示每个省地级市的数量，*Gj* 表示地级市 *j* 人均 GDP，*G* 表示全国人均 GDP，*Pj/P* 表示地级市 *j* 人口占全国人口比重。对于河北省 *j*=（1，2，3，4，5，6，7），分别代表石家庄市、唐山市、秦皇岛市、邢台市、承德市、沧州市、廊坊市；对于山东省 *j*=（1，2，3，4，5，6，7，8,），分别代表济南市、青岛市、淄博市、东营市、烟台市、潍坊市、威海市、滨州市；对于辽宁省 *j*=（1，2，3，4，5，6，7，8，9），分别代表沈阳市、大连市、丹东市、锦州市、营口市、阜新市、盘锦市、朝阳市、葫芦岛市。

二、单位根检验结果

检验三省组内差异的泰尔指数（*Tai*）与各省 GDP 加权变异系数的数据是否存在单位根，来判断时间序列是否平稳。

从表 2-2 可以看出，六个变量均通过单位根检验，以上六个变量的滞后期为 0 的二阶差分序列均在 5%的置信水平下拒绝原假设，即时间序列平稳、不存在单位根，不用进一步进行协整关系检验。

表 2-2　各省泰尔指数与 GDP 加权变异系数单位根检验结果

变量	ADF 检验 *t* 统计量	5%显著水平下的临界值	*P* 值	稳定性检验
河北泰尔指数	-7.230 250	-3.175 352	0.000 2	平稳
山东泰尔指数	-4.207 010	-3.175 352	0.009 9	平稳
辽宁泰尔指数	-3.994 557	-3.144 920	0.012 3	平稳
河北 GDP 加权变异系数	-4.584 677	-3.175 352	0.005 6	平稳
山东 GDP 加权变异系数	-4.428 188	-3.175 352	0.007 1	平稳
辽宁 GDP 加权变异系数	-4.879 107	-3.175 352	0.003 6	平稳

三、对二阶差分项进行格兰杰检验

由表 2-3 的格兰杰因果关系检验结果可以看出，在对区域金融差异程度和经济发展指标的格兰杰因果关系检验中，只有辽宁省的结果显示：在 0.05 的置信水平上，原假设"区域金融差异不是经济发展的原因"，*P* 值为 0.025 7，拒绝原假设，辽宁的区域金融差异程度是促进经济发展的原因。相反，在0.05的置信水平上，P值为0.801 8，不拒绝原假设，辽宁省经济发展水平提高不是区域金融差异程度提升的原因。其他城市的检验结果均在0.05的置信水平上，P值大于0.05，不拒绝原假设，区域金融差异程度与经济的发展之间没有因果关系。

表2-3 各省区域金融差异与经济发展的格兰杰因果关系检验结果

地区	原假设	P值	判断
河北	区域金融差异不是经济发展的原因	0.629 2	不拒绝原假设
	经济发展不是区域金融差异的原因	0.141 4	不拒绝原假设
山东	区域金融差异不是经济发展的原因	0.783 6	不拒绝原假设
	经济发展不是区域金融差异的原因	0.852 2	不拒绝原假设
辽宁	区域金融差异不是经济发展的原因	0.025 7	拒绝原假设
	经济发展不是区域金融差异的原因	0.801 8	不拒绝原假设

四、研究结论

依据2003—2017年的区域金融资源差异程度（组内差异泰尔指数）与经济发展差异程度（GDP变异系数）相关的二阶差分序列数据，我们得出河北与山东的区域金融资源差异程度与经济发展不存在因果关系，辽宁的区域金融资源差异程度会促进经济发展，而其经济发展对区域金融资源差异程度无推动作用。

联系上文，我们可以发现，在三省中只有辽宁省的金融资源差异与经济差异有因果关系。这可以归因于三省中辽宁省的泰尔指数高于其他两省且辽宁省组内差异的泰尔指数的波动更频繁这两个因素。

第五节 建议及对策

环渤海区域内部各地区各有优势，应加强彼此间的合作，在兼顾各地区利益的情况下，积极探索出一条优化区域金融资源、推动区域金融与经济协调发展的创新之路。环渤海区域内有北京、天津两个直辖市，这两个地区有显著的综合优势，在推动区域协同发展中可起到带头作用。北京与天津应加强金融领域的沟通与合作，加强社会各部门与企业间合作，合理配置金融资源，以京津为核心向四周辐射，进而带动整个环渤海区域的金融发展。区域金融发展对区域经济发展有重要推动作用，也是金融资源合理配置、缓解区域发展不平衡的关键。为达到环渤海区域金融经济发展更进一步的目标，社会和政府各部门应当齐心协力，积极采取行动推进区域金融发展，实施区域金融资源优化战略。

一、以京津为区域金融发展引擎，带动环渤海区域的金融发展

从前面所述三省两市与三省金融资源的组间差异来看，河北、山东、辽宁与北京、天津之间的金融资源差异较大。北京、天津属于直辖市，三省与二者相邻，因此可以借助京津的金融资源带动周边三省的金融发展。

区域金融中心的建立，有利于周边城市群的联动发展。在环渤海金融经济圈的各级城市中，可以看出北京与天津金融发展的繁荣程度最高。因此，可以京津为核心，辐射周边城市直至长江三角洲、珠江三角洲，实现金融经济的大汇合。关于具体地区发展建议，山东可积极发展建设济南和青岛两地。其中，利用地缘优势，青岛可积极开展对外贸易活动，与日、韩加强金融经济领域合作，充分发挥其地理位置优势。

二、区域内既要金融创新，也要相应监管机制相配合

各地在进行金融活动的同时，也要承担与盈利机会相伴的市场风险。我国金融机构体系现处于分业经营、相互合作的阶段。随着改革开放的推进，这一格局正逐渐转变。当前，我国金融监管机制地区壁垒较多，部分金融制度存在多方监管的情况。这在保证制度的公正、维系各方利益均衡的同时，也埋下了突发危机时不能及时启用有效措施的隐患。但在积极鼓励金融创新的同时，也要把握改革创新的度，美国次贷危机就是金融过度创新的警示，我国要以此为戒。推进环渤海区域金融可持续发展，需要各地区金融监管部门通力合作，建立合适的风险防范体系，为区域金融活动的开展提供支持与保障。

三、设立区域协调机制，推进区域金融协同发展

环渤海金融经济圈受地缘因素影响，发展潜力巨大，但区域内部金融资源分布不均衡，各个金融部门各司其职、合作较少，不利于推动环渤海地区及附近区域的区域金融发展。为改善这一局面，可搭建信息共享平台，以更好搜集邻近区域与意向合作区域的金融活动及潜在合作项目，加强区域间的沟通与交流。同时，相关各部门要意识到区域发展不均衡可能带来的弊端，加强产业链的连续性、跨区域合理调整金融资源的分布，开展区域间金融活动。

四、加强区域金融融资平台建设，推进区域金融市场化

适度的资本流动和资本聚集，对于企业来说，有利于其可持续经营与资金周转；对于投资者来说，有利于降低交易成本。大型金融平台的搭建有利于信息的搜集，在一定程度上降低交易风险。推动区域金融市场化，可提高市场运行效率、拓宽融资渠道与扩大融资规模。同时，环渤海各区域行政部门间应突破地域壁垒，展开金融合作。金融领域开展跨区合作，可提高资源聚集度，实现规模经济，优化金融资源配置，提高市场资金运行效率，降低经营成本与交易成本。同时也要遵循市场化原则，开展企业间良性竞争，推动各地区的金融发展。

五、实现环渤海区域金融机构间的通力合作

环渤海区域各地金融机构发展程度不一，掌握的资金规模也有较大差异，资金流动速度各不相同。在缺乏金融合作的情况下，资金实力强的金融机构可能会出现资金富余闲置、运用效率低下等问题；而诸多处于初创或初步发展阶段的新兴企业、小微企业等仍面临筹资难、资金链断裂等问题。由于各金融机构主营业务、优势各有不同，各金融机构投资—赢利—再投资的能力也各不相同。因此，主营业务互补的金融机构间可展开合作，提高资金的运用效率与资金流动，创造更多的价值，同时可激发区域金融的进一步发展。

第三章　京津冀的金融深度、金融宽度及其经济影响

环渤海经济区以京津冀为中心，山东和辽宁为两翼，京津冀区域具有重要作用，尤其对南北经济与金融均衡发展具有突出作用。为此，国家高度重视京津冀的发展，设立了京津冀协同发展领导小组，推动一系列相关协同政策。目前京津冀金融发展已经具有相当基础，促进了经济发展。京津冀金融发展想要更进一步，就需要从金融深度和金融宽度两个方面同时推进，优化区域金融资源。

自 20 世纪 60 年代中期以后，国外许多经济学家从理论分析和实证分析两个方面对金融发展与经济增长之间的关系做了细致的研究，而国内大多数的相关研究则是从 21 世纪初兴起的。早期的学者大都是从金融深度角度研究其对经济增长的影响，近年来开始逐渐认识到金融宽度对于经济增长也有着不可忽视的作用，各国包括世界银行也对金融宽度、金融服务的可得性更加重视。

本章在现有的金融发展与经济增长的理论基础之上，利用金融与经济增长的相关数据，对京津冀的金融深度、金融宽度对经济增长的影响进行理论与实证研究。首先，将现有文献按照金融深度、金融宽度两个维度做了分类总结，并结合学界的相关论述，对金融深度、金融宽度的定义做了明确的界定；其次，通过梳理金融结构论、金融成本论、金融功能论、创新差异下的金融约束论等金融发展理论，详细地阐述了金融深度、金融宽度对经济增长的相关作用机制，并选取合适的指标对京津冀金融深度、金融宽度、经济增长进行度量与现状分析；再次，使用 2003—2016 年京津冀 13 个城市的相关数据，选取经济增长作为被解释变量，金融深度、金融宽度作为解释变量，并在控制了固定投资水平、财政支出水平、对外开放程度因素之后，建立了面板数据回归模型，进行实证

分析；最后，提出京津冀一体化发展的相关政策建议。

第一节　京津冀金融发展的重要层面：深度与宽度

一、研究背景

自20世纪60年代中期以后，国外许多经济学家从理论分析和实证分析两个方面研究了金融发展与经济增长之间的关系，但早期的学者大都是从金融深度角度研究其对经济增长的影响。近年来，学者们逐渐发现金融深度这个单一指标并不能完全准确地衡量一个国家或地区的金融发展水平，金融宽度对于经济增长同样起着不可忽视的作用，金融服务可得性的提升对于个人的生产能力和福利水平的影响尤为突出。世界银行国际金融公司（World Bank International Finance Corporation，WBIFC）也将金融宽度衡量指标纳入了世界银行金融包容性（Inclusive Finance）数据库，并得到各国的重视与响应，中国对金融包容性指标体系和金融可得性方面的相关研究也正逐渐增多。

国内的相关研究大多数是从21世纪初兴起的，通过借鉴西方经济学家的研究成果，基于金融发展的理论基础，学界做了一系列的理论分析和实证研究。但绝大部分实证研究都是从金融深度方面探讨其对经济增长的影响，对于金融宽度方面的考察还有所欠缺，且多数学者基于中国的省际数据进行研究，少部分学者的研究涉及了某一单独的省市内部层级，而鲜有学者从区域经济体角度分析金融发展对经济增长的影响。

考虑到京津冀区域发展规划自2001年提出以来就备受关注，且近年来关于“京津冀一体化”发展的政策频频出台。因此，本章在现有的金融发展与经济增长的理论基础之上，利用金融与经济增长的相关数据，对京津冀金融深度、金融宽度对经济增长的影响做了理论与实证研究。

二、研究意义

（一）理论意义

第一，将现有的金融发展与经济增长的相关文献按照金融深度、金融宽度两个维度做了分类总结，并结合学界术的论述，对金融深度、金融宽度的定义做了明确的界定。

第二，梳理了金融结构论、金融成本论、金融功能论、创新差异下的金融约束论等金融发展理论，详细地阐述了金融深度、金融宽度对经济增长的相关作用机制。

第三，突出金融宽度在金融发展中的重要地位及其对经济增长的重要作用。以前人们大多从金融深度这一维度探讨金融对经济增长的影响，近年来学者逐渐重视金融宽度的影响，但相关的研究仍显不足，本章将从金融深度和金融宽度两个维度实证研究金融对经济增长的影响。

（二）现实意义

京津冀区域作为我国三大经济区域之一，又是我国首都所在地，无论是经济方面还是政治方面都有着无可替代的地位。“京津冀一体化”相关发展战略自 2001 年首次提出以来，一直备受关注，国家、地区、省市都不断出台相关政策、发展战略与规划（见表 3-1），而实现京津冀协同发展，则是近年来国家经济发展的重中之重。因此，对京津冀经济发展提出合理化建议就显得尤为重要，这也正是本章所做研究的现实意义之所在。本章以京津冀区域作为研究对象，通过实证研究分析京津冀金融深度、金融宽度对经济增长的影响，并对京津冀区域经济发展提出具有针对性、合理性的政策建议。

表 3-1　京津冀相关政策、发展战略与规划

出台时间	京津冀相关政策、发展战略与规划
2001 年 10 月	两院院士、城乡规划学家、人居环境科学的创建者吴良镛在“京津冀北城乡空间发展规划研究”上提出涉及环渤海部分地区一体化的“大北京”规划
2004 年 2 月	国家发展改革委组织京津冀各市负责人在廊坊市召开京津冀区域经济发展战略研讨会，达成“廊坊共识”，旨在加强京津冀地区的经济交流与合作
2005 年	《北京城市总体规划》提出京津冀要在多方面进行合作

续表

出台时间	京津冀相关政策、发展战略与规划
2006年	“十一五”规划中加入了京津冀区域发展问题，国家发展改革委正式启动了京津冀都市圈的规划和筹备工作
2010年	河北省政府在三河召开工作会议，加快推进“环首都经济圈”的建设
2011年3月	国家“十二五”规划纲要发布，提出“打造首都经济圈”
2011年4月	京津冀共同签署了《京津冀区域人才合作框架协议书》
2014年2月	习近平总书记主持召开京津冀三地协同发展座谈会，再提“京津冀问题”，提出加强顶层设计、推动协同发展、推进产业协作、优化城市布局、扩大环境容量生态空间、构建现代化交通网络系统、推进市场一体化的具体要求
2014年3月	李克强总理在政府工作报告中提出了“京津冀一体化”方案，旨在加强京津冀地区和环渤海地区的经济合作
2015年4月	中共中央政治局召开会议，审议通过了《京津冀协同发展规划纲要》
2015年10月	河北、北京两地教育部门签署了《京冀两地教育协同发展对话与协作机制框架协议》和《京冀大学生思想政治教育工作协作方案》
2017年2月	京津冀教育协同发展工作推进会在河北廊坊召开，会上发布了京津冀教育协同发展“十三五”专项工作计划及京津冀对口帮扶项目计划
2018年11月	中共中央、国务院明确要求以北京、天津为中心，引领京津冀城市群的发展，促进环渤海地区的协同发展

三、研究目标与内容

本章的研究目标是分析京津冀金融深度、金融宽度对经济增长的影响，为了实现这一最终目标，又将其细化为以下三个子目标。

第一，通过查阅相关文献，了解国内外学者对金融深度、金融宽度的相关研究，并对金融深度、金融宽度做出明确的定义。

第二，梳理金融发展相关理论，阐明金融深度、金融宽度对经济增长的作用机制，参考国内外学者对金融发展程度的衡量标准和指标选取，然后选取合适、可得的相关指标，测算京津冀区域金融深度、金融宽度，分析其发展现状。

第三，通过面板数据回归分析的方法，实证研究京津冀金融深度、金融宽度对经济增长的影响，并将实证结果与理论现状分析相结合，进而提出具体、合理、有效的政策建议。

本章就京津冀金融深度、金融宽度对经济增长的影响进行理论与实证研究，具体内容如图 3-1 所示：

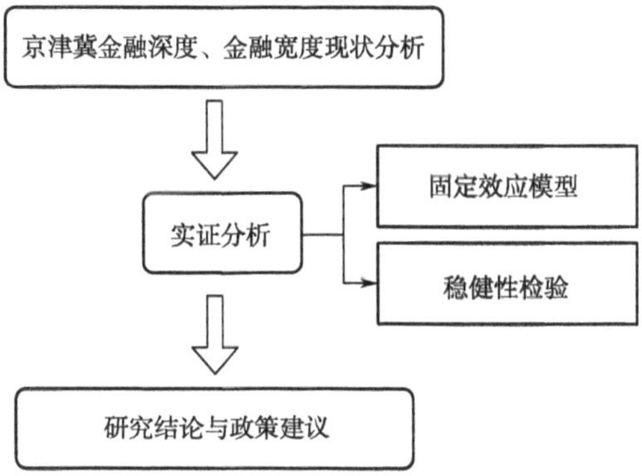

图 3-1　研究思路图

第二节是金融深度、金融宽度的定义与相关文献综述，将现有的金融发展与经济增长相关研究做了分类，从金融深度、金融宽度两个方面分别进行综述，并结合以前学者的相关论述，对金融深度、金融宽度的定义做出明确的界定。

第三节是京津冀金融深度、金融宽度的理论与现状分析。首先介绍金融深度、金融宽度影响经济增长的相关理论基础，然后分析金融深度、金融宽度各自对经济增长的作用机制，最后选取合适的指标从京津冀整体和区域内部两个方面对京津冀金融深度、金融宽度的发展现状做出系统的分析。

第四节是京津冀金融深度、金融宽度对经济增长影响的实证分析。根据前文对金融深度、金融宽度、经济增长的理论与现状分析，选取经济增长作为被解释变量，金融深度、金融宽度作为解释变量，固定投资水平、财政支出水平、对外开放程度作为控制变量，建立面板数据回归模型，进行实证研究。

第五节是研究结论以及政策建议。对前文的研究做出总结，结合前文的理论阐述、现状描述、实证分析，对京津冀区域经济发展提出具有针对性的政策建议。

第二节　金融深度、金融宽度的相关文献综述

一、金融深度相关的文献综述

（一）金融深度的早期发展

Goldsmith（1969）提出用金融相关率指标衡量一个国家或地区的金融发展水平，该指标的计算方法为一国或地区全部金融资产价值与该国经济活动总量的比值，并使用1860—1963年共103个国家的数据进行了实证研究，结果表明：经济飞速发展的时期往往伴随着金融的迅猛发展，并据此提出了金融发展相关研究中最早和最具有影响的理论——“金融结构论”。

Mckinnon（1973）和Shaw（1973）进一步深化了Goldsmith的“金融结构理论”，并提出了“金融抑制理论”，即金融自由化理论。其中，Mckinnon通过“货币与资产的互补效应假说”论证了政府对金融的管制阻碍了金融体系发展与运作，进而抑制了经济的增长，建议政府实行金融自由化，放开利率管制，让实际利率真实反映社会融资需求缺口，并提出以M_2/GDP（麦氏指标）衡量金融深化程度。Shaw对Mckinnon的互补性假说中的企业只进行“自我融资”提出了质疑，并提出了“债务中介观”，该观点将货币视为债务的中介，而金融的作用则是让货币更好地发挥其作为债务中介的作用。发达国家拥有相对完整的金融体系，可以更好地引导储蓄向投资的转化以及优化资源的配置。金融中介体系将公众手中的货币转化为企业资本，创造财富，刺激经济增长，促进就业，形成规模经济，改善整个社会的金融体系运作。发展中国家则因为存在金融抑制的问题，金融体系不够完善，阻塞了资源配置的最佳路径。

King、Levine（1993）认为一个国家或地区的金融深化并非完全由银行负债引起，也同样会由银行资产引起，且从评估管理人员、筛选投资项目、分散风险和提供金融服务等方面来看，将贷款提供给私人部门的金融中介机构往往比将贷款提供给非私人部门的金融中介机构有更强的能力。因此，King和Levine使用1960—1989年80个国家和地区的数据，以私营部门贷款分别占总贷款额与GDP的比率衡量了一个国家或地区的金融深化程度，做出实证分析，结果表明金融发展水平与人均GDP增长密切相关。

（二）金融深度对经济增长的实证研究文献

关于金融深度对经济增长的影响，国外许多学者做了大量的实证研究，且多数学者认为二者呈现正相关关系。Stiglitz（1993）研究了干预导向信贷、金融抑制和竞争政策三个领域，并确定了一些金融抑制实际上可能有益的情况。Arestis（1997）利用美国和德国的有关数据，探究了金融发展对经济增长的具体影响，使用美国数据的实证研究结果表明金融发展对经济的影响并不明显，而后者的结果却恰恰相反，德国的银行业发展与经济增长显著正相关。Hellmann、Murdock、Stiglitz（1997）认为合理的金融监管政策比金融抑制或者放任政策对于经济的促进作用会更强，对存款利率的控制和对竞争的限制在金融市场中能够创造特许经营价值，从而抑制金融中介机构之间的道德风险行为，对贷款利率的控制也可能通过降低贷款市场的代理成本来提高中介效率。Santomero、Seater（2000）认为金融发展能够刺激经济增长，但金融业具有独特的最优规模，且该最优规模独立于经济状况，不会随商业周期而变化。Maksimovic等（2001）认为整体金融部门发展水平越高，严重依赖外部融资的行业的扩张速率越快，新公司的创建越容易，公司获得外部融资的机会越多，国家的法律对于外部投资者的保护越有效，那么经济的增长就会越快。Elsayed、Ahmed（2013）利用埃及的数据进行实证分析，结果表明McKinnon的互补性假说在埃及没有成立，特定类型的金融系统结构在特定的时间点和经济发展阶段对于管理特定类型的风险、促进资源的有效配置以及刺激经济增长方面会更有效。Ben Jedidia等（2014）对突尼斯的金融发展能否促进经济增长进行了实证研究，结果表明私营部门的国内信贷对经济增长具有积极影响，金融发展是经济长期增长的驱动力。

国内也有许多研究表明金融对经济增长有促进作用。米建国、李建伟（2002）认为金融发展能够促进经济增长，但金融的发展必须要适度，金融抑制或金融完全自由化都无法使经济实现最优增长，甚至会抑制经济增长。我国金融的适度发展应该以消除金融抑制、谨防金融过度为核心准则，加快金融体制改革，建立完善的金融体系。王景武（2005）利用格兰杰因果检验和误差修正模型做了实证分析，结果显示：东部地区的金融发展是经济增长的格兰杰原因，二者显著正相关；西部地区的金融发展则不是经济增长的格兰杰原因，二者显著负相关，这可能是政府制度安排的外生产物；与西部地区相比，东部地区的金融发展对经济增长的影响明显更大。赵志华、贺光明、杨海平（2005）用存款与贷款余额之和与 GDP 的比值作为金融相关率指标，检验了内蒙古地区金融发展与经济增长的相关性，结果表明内蒙古地区确实存在"金融抑制"的情况，金融发展的不完善制约了经济的增长，即金融发展有助于推动经济增长。王定祥、李伶俐、冉光（2009）使用 1952—2007 年的数据，以人均 GDP 衡量经济增长，以金融资产总额/GDP、金融资本存量/真实资本存量、非国有金融资本存量/全部金融资本存量分别表示金融资本深化率、金融资本比率、金融资本内生率，探究了中国金融资本的形成与经济增长的关系，结果显示：提高金融资本深化率会抑制经济增长，但提高金融资本比率和金融资本内生率对于经济增长都有明显的促进作用。王伟、郑月明（2011）使用 1985—2007 年我国各省的数据，采用面板数据回归的方法，得出中国的金融发展能够促进经济增长的结论，而与西部地区相比，东部地区的金融发展对经济增长的促进作用更加明显。李强、徐康宁（2013）以人均 GDP、金融机构存贷款总额占 GDP 的比重分别表征经济发展水平和金融发展水平，以 2000—2010 年的省际面板数据为样本，实证分析结果表明，金融发展对我国经济增长有促进作用，但对实体经济的发展则起了抑制作用。蒲师齐、于恩锋（2017）使用 2001—2014 年四川省五个市的数据，以存贷比、存贷款余额与 GDP 比值来表示金融发展程度，以人均 GDP 增长率表示经济发展，实证分析了四川省五个市的金融对经济发展的影响，发现金融发展可以促进经济增长，但经济发展的阶段不同，金融发展的促进作用也不相同，越发达的地区，金融发展对经济增长的贡献越小。

国内外还有少数研究认为金融对于经济并非只是简单的促进作用。Graff、Karmann（2001）对 93 个国家 1980—1990 年的数据进行分析，发现对于欠发达国家来说，金融对于经济增长的促进作用并不明显。Aubhik（2002）利用 1970—1999 年 30 个发展中国家的时间序列和面板数据，分析了金融发展对经济增长的影响的性质和方向，实证结果表明，金融发展与经济增长是互为因果的，而且各国的金融与经济政策的制定不能一概而论，政策成功与否取决于执行这些政策的机构的效率。谭艳芝、彭文平（2003）基于中国 1978—2001 年的相关数据，分别以 M_2、私人贷款和金融贷款总额与 GDP 的比值来衡量金融发展，以人均 GDP 增长率、资本存量、国民储蓄率、资本边际生产率、全要素生产率来衡量经济增长，做出实证分析，结果表明，金融发展对经济增长的量和质的影响存在异质性，金融发展能够促进投资和资本积累，但与资本边际生产率、全要素生产率则为负相关或不相关，总体来看，金融发展对经济增长率的影响并不明显。赵振全、于震、杨东亮（2007）选定了 1991 年第一季度至 2005 年第四季度的数据，用多元门限回归模型进行实证分析，结果显示，金融发展与经济增长表现出明显的非线性关联，仅仅从总量意义上讨论我国金融发展和经济增长的关联有一定的局限性，我们应该更加关注经济增长中金融发展的方式和作用机制。韩廷春（2015）通过对中国经济发展过程相关数据进行实证分析，得出结论：对于不同的经济发展阶段，金融深化理论和利率政策也要作出相应的调整，决不能一味地强调金融自由化和资本市场的扩张，而忽视金融体系的效率和质量对于经济增长的重要作用。

二、金融宽度相关文献综述

（一）金融宽度的提出

近年来，学者们逐渐发现单从金融深度角度对金融发展进行衡量，往往比较片面，无法较为准确地度量金融发展水平，使得研究结果有失偏颇，与实际不符。例如，就贷款服务来看，一个国家或地区贷款规模的稳步扩张，其原因可能在于原有的借款人获得了更多的贷款额度，但是借款人的范围并未进一步增加，众多的中小企业和穷人依旧面临融资难的问题。对此，许多学者都做了实证分析来加以论证，如 Singh（1994）使用世界银行国际金融公司数据库的数据进行分析，结果表明，在发展中国家，与政府关联紧密且具有较低风险的大型企业相较于众多的中型、小型企业而言，更容易获得贷款支持；Klapper（2002）使用 Amadeus 数据库中 15 个东欧和中欧国家共 97 000 多家私营和上市公司的信息，分析发现东欧转轨国家的贷款规模虽然在持续地扩张，但是中小企业作为东欧经济中最有活力、占比最高的部分，却依然缺乏贷款融资渠道；Brown、Maurer（2005）认为引入新的资本并不能很好地改善中小企业的融资约束，反而会使得中小企业的信贷融资途径变得更加狭窄；Beck 等（2007）使用 99 个国家的数据分析了金融深度和金融宽度与企业融资约束的联系，结果表明一国或者地区的金融宽度与企业融资约束显著负相关。

在发展中国家，受经济发展水平的限制，金融体系构建不完善，许多相对贫穷的人无法享受金融服务带来的各项福利。金融可得性的提高则能够在一定程度上改善这种不公平的境况，对低收入群体少量的资本投入的边际回报率也相对更高，所以拓宽金融覆盖面不仅能够优化资源配置，还能够缩小贫富差距，进而促进经济增长。

世界银行国际金融公司基于可及性、适用性和数据包容性三个方面考虑，将金融宽度指标纳入了世界银行金融包容性（Inclusive Finance）数据库，得到各国的重视与响应。中国对金融包容性指标体系和金融可得性方面的相关研究也逐渐增加，中国人民银行和银保监会先后发布了普惠金融报告，强调金融可得性、金融覆盖面、金融服务效率、金融扶贫、金融基础设施等问题。

（二）金融深度、金融宽度对经济增长的实证研究文献

关于金融宽度对经济增长的实证研究，通常都是同时考虑金融深度、金融宽度对经济增长的影响，但国内在这方面的研究目前仍显不足。一些学者认为金融深度、金融宽度对经济增长有明显的促进作用。例如，贾春新、夏武勇、黄张凯（2008）使用 1992—2001 年中国的省际面板数据，以国有商业银行的分支机构数量衡量银行竞争程度，研究表明其与经济增长显著正相关，且在东部地区的促进作用更为明显。姚星垣（2013）用 2003—2010 年浙江省 11 个地级市的数据对金融深度、金融宽度对经济发展的影响做了实证研究，

得出金融深度、金融宽度的提高都可以推动经济增长的结论。安强身（2014）认为山东省的金融发展不足之处主要在于金融宽度和金融广度过低，金融发展不均衡，进而抑制了山东省的经济发展。邵宜航、刘仕保、张朝阳（2015）以中国 1987—2011 年的省际数据为样本，使用面板数据回归的方法分析，结果表明，我国金融深度、金融宽度与经济增长显著正相关，但金融宽度对于经济增长的促进作用更为明显。除此以外，地区经济发展水平越高，金融深度的促进作用越强，金融宽度的促进作用则会减弱；在中西部地区，金融深度对经济增长的影响并不明显。

另一些学者关于金融深度、金融宽度的研究则得到了不尽相同的结论。例如，李猛（2008）分析了 84 个国家和地区的截面数据，探究了金融深度和金融宽度的影响因素。耿颢（2009）对山东省金融发展水平及其影响因素进行了研究，发现山东省金融深度和金融宽度都不及广东和江苏。胡宗义、刘亦文、袁亮（2013）以 1990—2009 年的年度数据作为样本，以 M_2/GDP、私营部门的贷款额与短期贷款之比、非银行资产与金融市场总资产之比分别衡量金融深度、金融宽度和金融广度，研究发现金融与经济发展呈倒 U 形关系。现阶段我国金融发展的不足之处在于金融宽度和金融广度过低，金融发展的不均衡严重影响到我国经济的可持续发展。汪金花、熊学萍（2015）认为金融深度与经济增长呈 N 形关系，金融机构密度与经济增长呈现正向线性关系。

三、文献评述

从以上国内外关于金融深度、金融宽度对经济增长的文献综述可以看出，大多数研究认为金融发展对于经济增长是有促进作用的，金融发展可以分为金融深度和金融宽度两个方面，且这两个金融发展的维度是以不同的方式作用于经济增长的，所以分别研究金融深度、金融宽度对经济增长影响的传导机制也显得尤为重要。同时，不同国家、不同地区的金融深度、金融宽度对经济增长的研究结论不尽相同。例如，Arestis（1997）、Graff 和 Karmann（2001）都论证了不同国家金融发展对于经济增长的影响会存在不同的情况；王景武（2005）、王伟和郑月明（2011）、李强和徐康宁（2013）、蒲师齐和于恩锋（2017）、贾春新等（2008）、邵宜航等（2015）、耿颢（2009）都发现中国东、中、西部或者不同城市的金融深度与金融宽度的发展都是有差异的，而且各地区与城市的金融深度、金融宽度对经济增长的促进作用也是有差异的，其中金融宽度对经济增长的促进作用更为突出。

中国作为一个发展中的大国，各区域、各省市的金融、经济发展程度存在较大差异，其中京津冀区域作为我国三大区域经济之一，又是我国首都所在地，无论在经济方面还是在政治方面都有着无可替代的地位，而且“京津冀一体化”相关发展战略自提出以来一直备受关注，对京津冀金融发展与经济增长的研究对于“京津冀一体化”的相关政策制定、发展战略实施具有重要意义。前文也提到了金融深度、金融宽度对于经济增长的作用机制不尽相同，而地区的差异也会导致金融深度、金融宽度对经济增长的作用效果不同，所以前人关于金融深度、金融宽度与经济增长关系的探讨只能作为京津冀区域经济发展的参考，而不能简单地生搬硬套。鉴于此，本章单就京津冀地区金融深度、金融宽度对经济增长的影响做了相关的理论分析与实证研究，以期为京津冀协同发展提出更具有针对性、合理性的建议。

第三节　金融深度、金融宽度对经济增长影响的理论分析

一、金融深度、金融宽度的定义

（一）金融深度的定义

Goldsmith、Mckinnon、Shaw、King、Levine 作为金融发展对经济增长研究的奠基人，更多的是从金融深化的角度去衡量金融发展，这一观点也被后来的学者所继承，演化为“金融深度”这一概念，以金融相关率、M_2/GDP 、对私营部门的国内信贷/GDP 作为对金融深度的衡量指标得到了学术界的广泛认可，后来的学者也在他们的研究基础上进一步完善、拓展。国内学者关于金融深度的定义有类似的见解。伍旭川（2005）认为金融深度反映着一个地区经济发展进程中金融化的不断加强和深化的过程。李猛（2008），耿颢（2009），胡宗义、刘亦文、袁亮（2013）认为金融深度是指金融资产的数量增加，表现的是金融发展“量”的方面。邵宜航、刘仕保、张朝阳（2015）

认为金融深度是金融发展不断深化的过程。

本书的观点与大多数学者一致，认为金融深度是指一国或地区金融深化的程度，通常以金融资产与 GDP 的比值来衡量，表示了金融资产规模存量的大小。

（二）金融宽度的定义

对于金融宽度的具体定义，Honohan、Beck（2009）认为金融宽度即为家庭和企业获取金融服务的渠道的多寡，其衡量指标分为人均金融分支机构和 ATM 数量、单位面积内的金融分支机构和 ATM 数量两个方面。同金融深度一样，金融宽度也可以有效地度量金融发展水平，Honohan、Beck 还发现经济落后与贫困的主要原因实际上是获取融资服务渠道的匮乏。Kendall（2010）以银行存款账户数、分行数量度量金融宽度，横向对比了 139 个国家和地区的金融宽度差异，发现金融发展的各项指标与经济增长和实体基础设施各项指标成正相关关系。伍旭川（2005）认为金融宽度是指金融媒介能够将居民储蓄的资金投入国民经济各个方面的渠道宽度。李猛（2008）认为金融宽度是指人们在经济活动中可以获得更多更加方便的金融服务，即金融服务的可得性，以成人中借款人数的百分比来衡量。胡宗义、刘亦文、袁亮（2013）认为金融宽度即为金融服务的可得性，指一国金融产品的丰富程度、金融工具的创新力度等，同时为了考察金融服务对象的范围尺度，引入金融广度的概念，金融宽度和金融广度一起反映了金融发展的“质”。姚星垣（2013）认为金融宽度是指一国或一个地区金融产品和服务的可得性、丰富度、覆盖面。邵宜航、刘仕保、张朝阳（2015）认为金融宽度是指金融的宽化程度，金融服务的覆盖性和可得性。

本书认为金融宽度更多的是指金融服务本身的覆盖性和社会各群体对于金融服务的可得性，主要从横向层面考虑，重点是中小企业、个人等在金融市场和经济体中处于劣势的小而广的群体，其对于金融服务的获取难易程度和渠道的多寡。

二、理论基础

（一）金融结构论

1969年，著名经济学家Goldsmith研究金融发展，提出了金融结构论，该理论是金融发展相关研究中最早和最具有影响力的理论之一。金融结构论认为金融发展的实质就是金融结构的变化，而金融结构指的是一国现存的金融工具与金融机构之和，同时该理论指出金融结构是可以被量化计算的，其中最为重要、为后来学者广泛应用的指标就是金融相关比率（FIR），该指标的含义是一个国家的金融资产总价值与该国的国民财富总价值的比值。金融相关比率的变化反映了金融发展的基本特征，即金融上层机构与经济基础结构在规模上的变化关系。如果没有金融结构，每个经济人想要扩大投资就一定要进行储蓄，假如他并没有合适的投资机会，储蓄就只能是财富的贮存，而不可能转变成为经济的增长。因此，金融结构就是为那些没有投资机会的储蓄者创造更多的投资机会，使得人们更加频繁地参与金融活动，进而让储蓄总量扩张得更快。金融结构理论的核心就在于金融工具的供给和金融机制的正常运行，这也是金融发展促进经济增长的关键所在。

（二）金融成本论

金融成本理论在模型分析中引入了固定交易成本，一国经济发展水平较低时，国民收入较少，无法负担进入金融市场和金融中介机构的固定成本，对于金融服务的需求会比较少，而当一国经济发展和收入水平达到一定程度时，进入金融服务体系获得的收益可以弥补进入时的固定成本，此时就会诞生一大批金融服务需求者。企业和个人的金融活动越频繁，金融体系的运转效率就越高，金融中介和金融市场也就越完善，对于经济增长的促进作用也就越强。

（三）金融功能论

以Merton（1995）和Levine（1997）为代表的学者从金融服务的角度提出了金融功能论，指出金融功能的稳定性比金融中介机构更高，且金融功能处于更加重要的地位。该理论认为金融体系主要具备三大功能：便利清算和支付的功能，聚集和分配资源的功能，风险分散的功能。便利清算与支付有利于提高交易效率及其专业化水平，聚集闲散资金，分配至高收益高产出部门，同时分散各类风险，提高储蓄投资转化率、资本积累率、资本平均收益率、资本边际生产率、全要素生产率，进而促进经济的增长。

（四）创新差异下的金融约束论

邵宜航、刘仕保、张朝阳（2015）提出了创新差异下的金融约束论，该理论认为生产技术的改革与创新是经济增长的关键性因素，但是现实中技术的改革与创新往往会面临各式各样的金融约束，所以缓解或者改善金融约束环境将会使技术的改革与创新过程更加顺畅，从而推动经济增长。整体金融发展水平越高，金融体系越完善，外部融资约束对于企业与产业扩张的阻碍作用就越弱，企业与产业获取研发资本的难度就越低，对技术的改革与创新就越有利，从而对于经济增长的促进作用也就越强。

创新差异下的金融约束论指出技术的自主创新和复制模仿是改进一个国家或地区的生产技术的两种主要方式。技术的自主创新相比于复制模仿具有更高的不确定性，风险更大，其融资更多地受限于资本规模的大小，也就是金融深度；技术的复制模仿相比于自主创新则更加成熟，风险也相对较低，需要的资本量也更少，其融资更多地受限于融资渠道的多寡，也就是金融宽度。当一个国家或地区的经济发展水平比较发达时，其技术水平与前沿技术的差距较小，技术的改进将会更多地选择自主创新，此时金融深度对于经济增长的促进作用会更强；当一个国家或地区的经济发展水平比较落后时，其技术水平与前沿技术的差距较大，技术的改进将会更多地选择复制模仿，此时金融宽度对于经济增长的促进作用会更强。

三、金融深度、金融宽度对经济增长的作用机制

（一）金融深度对经济增长的作用机制

通过前文的概念界定，我们知道金融深度是指一国或地区金融深化的程度，表示了金融资产规模存量的大小。金融深度对经济增长的作用机制主要有两个方面：①金融深度是一切金融活动的基础，它衡量了金融资产的规模，代表金融结构有无的问题，表现金融活动对经济的渗透力，金融深度的提高有利于资本的累积，有利于增加金融供给，提高储蓄向投资的转化率，推动

经济增长；②正如邵宜航等（2015）在创新差异下的金融约束论中所提到的，金融深度的提高为自主创新提供了资本支持以及风险分散的功能，从而促使经济体内技术的不断变革与飞跃，推动经济增长。

（二）金融宽度对经济增长的作用机制

前文对金融宽度的定义指出，金融宽度是金融服务本身的覆盖性和社会各群体对于金融服务的可得性，其对于经济增长的作用机制主要体现在以下三个方面：①金融宽度的拓展能够有效地降低金融市场准入成本，使更多的低收入群体能够享受到金融服务带来的各项福利，减少不公平和贫困，进而提升社会全体的生产能力。胡宗义等（2013）也指出对低收入群体少量的资本投入的边际回报率相对更高。②金融宽度的拓展使得更多的群体进入金融市场中，金融活动变得更加频繁，金融体系的运转效率得以提高，促进了金融创新，衍生出各类金融工具，让金融风险分散功能得以更好发挥，提高了资本的平均收益率，进而推动经济增长。③正如邵宜航等（2015）在创新差异下的金融约束论中所提到的，金融宽度的拓展为发展程度较低的区域经济体内的技术进步提供了更多的保障，进而提高全要素生产率，推动经济增长。

第四节　京津冀金融深度、金融宽度与经济增长的现状分析

在分析京津冀金融深度、金融宽度与经济增长现状时，本章使用了定量分析的研究方法，先选择相关的指标对其进行衡量，然后再从区域整体和区域内部分析其现状。

一、数据来源

由于缺失部分地级市的数据，本章将数据选取的时间区间确定为2003—2016年，具体数据来源有Wind数据库、国家统计局和各省（市）统计局及其各年的统计年鉴、原中国银行业监督管理委员会。需要特别说明的是，本章所选数据的地区以北京市、天津市以及河北省11个城市的行政区域划分为标准，而“京津冀一体化”方案、“首都经济圈”规划项目、“京津冀城市群”概念、“京津冀协同发展”战略等政策的颁布和实施均是按照此区域划分

标准进行的。依据此区域划分标准来看，北京市、天津市作为直辖市，其金融和经济发展程度相较于其余 11 个城市会更高，这可能导致其各个衡量指标的绝对值过大、数据总体标准差过大，从而使回归结果不够准确。针对这一问题，借鉴以前学者的研究，不管是对中国各省市还是对世界各国的实证分析，都存在不同城市或者不同国家个体差异较大的问题，而且金融深度、金融宽度的度量方法基本都是比率化指标，可以一定程度上解决数据间差异过大的问题。

二、指标选取

（一）经济增长指标

对于各个城市的经济增长的衡量，常用的指标主要有国内生产总值（GDP）、人均国内生产总值（Per Capita GDP）与各自的增长率。从前文的理论分析来看，金融深度、金融宽度对经济增长的影响主要在于刺激经济发展本身，而不是作用于经济增长率的变化。胡宗义等（2013）、赵振全等（2007）选择了 GDP 作为衡量指标，王景武（2005）、王定祥等（2009）、李强等（2013）、姚星垣（2014）选择了人均 GDP 作为衡量指标。鉴于人均 GDP 指标更能代表一个地区的经济发展水平，且不同地区与城市间更具有可比性，同时能够缩小变量间的数据大小差异，所以本章选取人均 GDP 来衡量各个城市的经济发展水平。

（二）金融深度指标

对于金融深度的衡量方法，国内外绝大多数学者都使用了 Goldsmith 的金融相关率（FIR）这一指标，其计算方法为金融资产与 GDP 的比值。对于金融资产的具体衡量指标，多数学者选取了广义货币供给（M_2），但鉴于中国省市级的 M_2 数据无法获得，再参考赵志华等（2005）、李强等（2013）、姚星垣（2013）选取的金融机构的存款余额加贷款余额之和与该地区 GDP 的比值作为衡量金融深度的指标，结合当下京津冀各城市特别是非京地区的金融机构存款与贷款之和也仍然占据金融资产的主要地位，本章最终选取各个城市的存贷款余额之和与该城市 GDP 的比值作为金融深度的衡量指标。

（三）金融宽度指标

根据前文对金融宽度的定义，其主要是指金融的可得性、覆盖性，参考Honohan和Beck（2009）、邵宜航（2015）等学者选取人均金融分支机构数量来衡量金融宽度，考虑京津冀地区各个城市相关数据的可得性，本章最终选用各个城市的金融机构数量与该地区总人口的比值作为金融宽度的衡量指标。

三、京津冀经济发展现状

从图3-2可以看出，京津冀地区总体和全国的人均GDP自2003年以来都在逐年升高。在2016年，京津冀人均GDP达到了6.84万元/人，而全国的人均GDP则为5.37万元/人。除此以外，京津冀地区的人均GDP一直高于全国人均GDP，这也符合京津冀区域作为我国三大区域经济之一、其经济发展水平较高的一般认知。

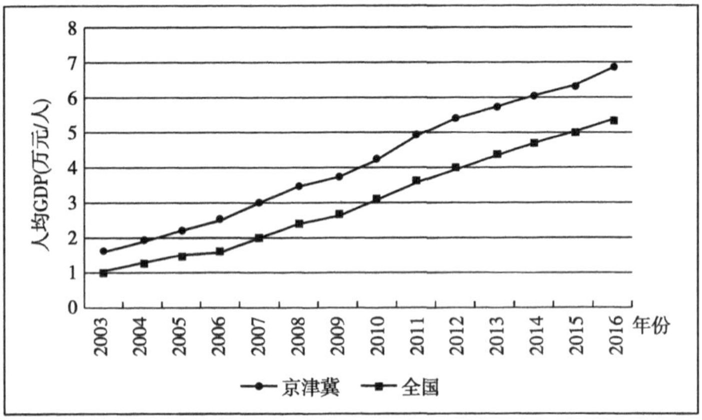

图3-2 京津冀地区与全国的人均GDP

如表3-2所示，从京津冀内部来看，各城市的人均GDP也呈现逐年上升的趋势，但并不是所有城市的人均GDP都超过了全国平均水平，以2016年为例，仅北京、天津、石家庄、唐山、廊坊的人均GDP超越了全国平均水平，而超过京津冀平均水平的仅有北京、天津、唐山三个城市。这在一定程度上体现了京津冀地区经济发展不平衡的问题，某些城市的经济发展水平还比较落后。

表 3-2　京津冀地区内部各市人均 GDP　（单位：万元）

年份	北京	天津	石家庄	唐山	秦皇岛	邯郸	邢台	保定	张家口	承德	沧州	廊坊	衡水
2003	3.49	2.55	1.52	1.84	1.42	0.89	0.77	0.86	0.71	0.66	0.95	1.37	0.96
2004	4.11	3.06	1.79	2.30	1.65	1.09	0.95	1.03	0.89	0.84	1.17	1.56	1.15
2005	4.54	3.58	1.87	2.80	1.72	1.34	1.00	1.00	0.99	1.07	1.66	1.57	1.23
2006	4.95	4.10	2.10	3.24	1.97	1.56	1.16	1.11	1.16	1.27	1.87	1.83	1.29
2007	6.01	4.80	2.42	3.78	2.33	1.84	1.30	1.27	1.35	1.64	2.12	2.19	1.31
2008	6.45	5.87	2.89	4.81	2.75	2.27	1.43	1.45	1.71	2.10	2.47	2.58	1.48
2009	6.69	6.26	3.04	5.12	2.71	2.28	1.52	1.58	1.89	2.22	2.57	2.79	1.52
2010	7.39	7.30	3.39	5.94	3.12	2.61	1.72	1.85	2.25	2.57	3.11	3.18	1.81
2011	8.17	8.52	3.99	7.16	3.57	3.03	2.00	2.18	2.56	3.17	3.61	3.68	2.13
2012	8.75	9.32	4.36	7.66	3.78	3.27	2.14	2.41	2.81	3.38	3.89	4.06	2.31
2013	9.46	10.01	4.66	7.96	3.85	3.29	2.23	2.55	3.00	3.62	4.14	4.36	2.43
2014	10.00	10.52	4.83	8.07	3.93	3.29	2.31	2.69	3.08	3.81	4.27	4.84	2.60
2015	10.65	10.80	5.10	7.84	4.07	3.35	2.43	2.91	3.08	3.85	4.48	5.45	2.75
2016	11.82	11.51	5.45	8.12	4.36	3.53	2.70	3.00	3.31	4.07	4.74	5.90	3.20

数据来源：Wind 数据库、中国国家统计局

四、京津冀金融深度现状

从图 3-3 可以看出，京津冀地区总体的金融深度自 2003 年以来一直高于全国水平，且二者的发展趋势基本相同，近年来都呈现缓慢上涨的势态。在 2016 年，京津冀的金融深度达到 4.34，全国的金融深度达到 3.48。

如表 3-3 所示，京津冀区域内部各城市的金融深度发展趋势与区域整体、全国也基本保持一致。2016 年仅有北京、廊坊的金融深度超过了全国平均水平，其中北京、天津、秦皇岛、张家口、廊坊的金融深度超过了 3，其余城市均在 3 以下，而沧州的金融深度仅为 1.91，这都表明京津冀各城市金融深度相对较低，不利于储蓄向投资的转换以及各项金融业务的开展。

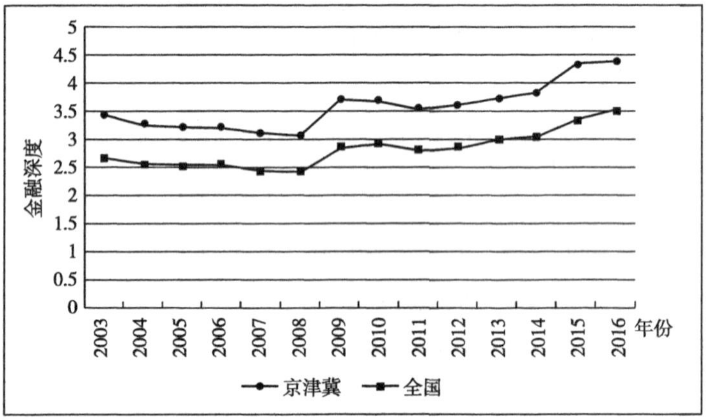

图 3-3 京津冀地区与全国的金融深度

表 3-3 京津冀地区内部各市金融深度

年份	北京	天津	石家庄	唐山	秦皇岛	邯郸	邢台	保定	张家口	承德	沧州	廊坊	衡水
2003	5.88	2.91	2.51	1.39	2.18	1.70	1.81	1.88	2.17	2.03	1.84	1.78	1.68
2004	5.67	2.76	2.39	1.30	2.08	1.61	1.69	1.75	2.05	1.87	1.68	1.73	1.62
2005	5.83	2.60	2.47	1.20	2.19	1.51	1.60	1.68	2.00	1.72	1.27	1.77	1.56
2006	5.80	2.63	1.94	1.25	2.15	1.42	1.57	1.78	2.01	1.72	1.21	1.82	1.70
2007	5.40	2.70	2.28	1.26	2.08	1.27	1.52	1.72	2.01	1.61	1.13	1.85	1.82
2008	5.57	2.53	2.27	1.26	2.05	1.22	1.63	1.75	1.89	1.50	1.17	1.88	1.81
2009	6.56	3.22	2.68	1.54	2.51	1.48	1.94	1.97	2.39	1.97	1.38	2.31	2.08
2010	6.66	3.17	2.76	1.54	2.58	1.46	1.97	1.96	2.30	2.09	1.33	2.45	2.06
2011	6.52	2.87	2.54	1.44	2.53	1.44	1.94	1.88	2.25	1.85	1.31	2.36	2.05
2012	6.59	2.87	2.59	1.53	2.68	1.58	2.10	1.96	2.32	1.97	1.41	2.50	2.25
2013	6.49	2.92	2.70	1.65	2.91	1.81	2.35	2.17	2.47	2.13	1.55	2.81	2.57
2014	6.60	2.90	2.75	1.77	3.16	1.98	2.56	2.39	2.67	2.27	1.69	2.97	2.77
2015	7.57	3.12	2.74	2.00	3.11	2.21	2.66	2.45	2.95	2.52	1.79	3.33	3.05
2016	7.38	3.15	2.74	2.09	3.05	2.31	2.70	2.70	3.35	2.69	1.91	4.07	2.83

数据来源：Wind 数据库、中国国家统计局

五、京津冀金融宽度现状

从图 3-4 可以看出，京津冀地区与全国的金融宽度自 2003 年一直呈现上升趋势，京津冀地区的金融宽度也一直略高于全国平均水平。在 2016 年，京津冀的金融宽度达到 1.68，全国的金融宽度达到 1.60。

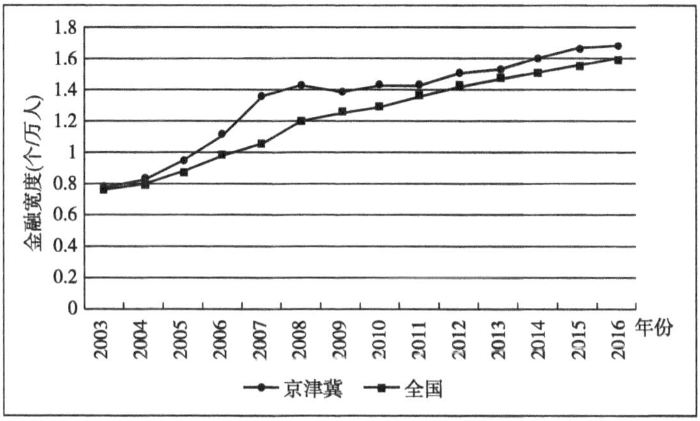

图 3-4　京津冀地区与全国的金融宽度

如表 3-4 所示，京津冀区域内部各城市的金融宽度发展也呈现出上升趋势，与区域整体、全国基本保持一致。在 2016 年北京、天津、石家庄、唐山、秦皇岛、张家口、承德、廊坊的金融宽度都超过了全国平均水平，而在这些城市中仅石家庄的金融宽度低于京津冀地区平均水平。

表 3-4　京津冀地区内部各市金融宽度

年份	北京	天津	石家庄	唐山	秦皇岛	邯郸	邢台	保定	张家口	承德	沧州	廊坊	衡水
2003	1.08	1.36	0.90	1.04	1.10	0.46	0.47	0.25	0.65	0.50	0.53	0.83	0.48
2004	1.19	1.35	0.91	1.03	1.07	0.46	0.53	0.32	0.68	0.50	0.58	0.82	0.49
2005	2.00	1.28	0.91	1.03	1.07	0.47	0.51	0.39	0.66	0.54	0.57	0.75	0.65
2006	1.95	1.31	0.91	1.17	1.28	0.46	0.53	1.11	1.40	0.57	0.58	0.76	1.24
2007	2.01	1.62	1.19	1.43	1.28	0.88	1.01	1.11	1.41	1.01	1.06	1.42	1.23
2008	1.98	1.60	1.33	1.45	1.44	1.03	1.03	1.14	1.51	1.11	1.27	1.50	1.33

续表

年份	北京	天津	石家庄	唐山	秦皇岛	邯郸	邢台	保定	张家口	承德	沧州	廊坊	衡水
2009	1.91	1.57	1.29	1.44	1.34	0.99	1.01	1.10	1.56	1.18	1.19	1.51	1.31
2010	1.86	1.88	1.28	1.44	1.34	0.97	1.00	1.11	1.56	1.19	1.21	1.47	1.31
2011	1.84	1.85	1.33	1.44	1.34	0.97	1.00	1.11	1.57	1.20	1.22	1.45	1.32
2012	1.87	1.84	1.41	1.49	1.47	1.21	1.10	1.13	1.72	1.59	1.29	1.48	1.34
2013	1.90	1.82	1.49	1.54	1.51	1.23	1.11	1.15	1.75	1.62	1.31	1.52	1.38
2014	2.00	1.86	1.52	1.63	1.54	1.27	1.25	1.19	1.81	1.66	1.33	1.61	1.40
2015	2.06	1.93	1.60	1.68	1.58	1.36	1.30	1.23	1.85	1.72	1.39	1.65	1.47
2016	2.09	1.97	1.61	1.72	1.70	1.37	1.32	1.23	1.87	1.81	1.40	1.70	1.49

数据来源：Wind 数据库、中国国家统计局、原中国银行业监督管理委员会

第五节　京津冀地区金融深度与金融宽度对经济增长影响的实证分析

一、模型设计

通过对以前学者的文献整理和前文的理论与现状分析，我们发现京津冀地区金融深度、金融宽度对经济增长可能会存在正向的影响，所以本章使用了京津冀地区 13 个城市 2003—2016 年的相关数据进行实证分析，以期对前文的理论分析加以佐证，探明京津冀地区金融深度、金融宽度与经济增长的具体关联，并同时为京津冀地区金融与经济发展战略提出有针对性、合理性的建议。

由于本章所研究的京津冀地区金融深度、金融宽度对经济增长的影响问题不仅涉及北京、天津及河北省 11 个城市的横截面维度，还涉及 2003—2016 年的时间跨度，所以比较适于用面板数据进行回归分析。面板数据分析方法还有一大优点就是可以解决遗漏变量问题，在进行回归分析的时候，遗漏变量偏差是普遍存在的问题，虽然使用工具变量也可以解决这个问题，但是由于有效的工具变量常常是难以找到的，因此面板数据分析方法就为我们提供

了一个非常好的途径。本章参考 King 和 Levine（1993）、邵宜航等（2015）、李强等（2013）、姚星垣（2013）等学者所使用的具有代表性的分析金融发展对经济增长的计量模型，选取了固定投资水平、财政支出水平、对外开放程度作为控制变量，建立了如下模型。

$$PCGDP_{it} = c + \beta_1 FD_{it} + \beta_2 FW_{it} + \beta_3 IV_{it} + \beta_4 G_{it} + \beta_5 O_{it} + \varepsilon_{it} \qquad (3-1)$$

其中，经济增长、金融深度、金融宽度的衡量指标仍沿用前面的指标选取，以 $PCGDP_{it}$ 作为被解释变量，代表第 i 个市在第 t 年的人均国内生产总值；FD_{it}、FW_{it} 作为解释变量，分别代表第 i 个市在第 t 年的金融深度、金融宽度；IV_{it}、G_{it}、O_{it} 作为控制变量，分别代表第 i 个市在第 t 年的固定投资水平、财政支出水平、对外开放程度。参考邵宜航等（2015）、李强等（2013）、姚星垣（2013）等学者的衡量方法，固定投资水平用各市固定投资总额与 GDP 的比值表示；财政支出水平用各市地方公共财政支出总额与 GDP 的比值表示；对外开放程度用各市进出口总额与 GDP 的比值表示。本章参考赵振全（2007）、李强（2013）的方法，使用了各年份的日平均汇率对进出口总额进行人民币折算，各变量符号如表 3-5 所示。

表 3-5 各变量的符号和单位

	变量名称	指标说明	单位	符号
被解释变量	经济增长	人均 GDP	万元/人	PCGDP
解释变量	金融深度	存贷款余额之和/GDP	-	FD
	金融宽度	金融机构数/人口数量	个/万人	FW
控制变量	固定投资水平	固定投资总额/GDP	-	IV
	财政支出水平	地方公共财政支出总额/GDP	-	G
	对外开放程度	进出口总额/GDP	-	O

完成初步建模以后，我们使用整理好的数据，通过 Stata15 软件进行各项检验和回归分析，其过程和结果如下。

二、描述性统计

从表 3-6 的结果可以看到，由于部分市的对外开放程度数据缺失，本章采用的数据是一个非平衡的面板数据，其中 $n=13$，$T=14$。*Year* 变量为时间维度，所以其组间标准差为0；*Cities* 为地区变量，所以其组内标准差为0；其余各变量的各项标准差均不为0，说明不同城市在不同年份的经济发展水平、金融深度、金融宽度、固定投资水平、财政支出水平、对外开放程度都有差异。

表 3-6 各变量描述性统计

Variable（变量）		Mean（均值）	Std. Dev.（标准差）	Min（最小值）	Max（最大值）	Observations（观测值）
Year	overall	2009.5	4.042249	2003	2016	N = 182
	between		0	2009.5	2009.5	n = 13
	within		4.042 249	2003	2016	T = 14
Cities	overall	7	3.751 979	1	13	N = 182
	between		3.894 44	1	13	n = 13
	within		0	7	7	T = 14
PCGDP	overall	3.432 883	2.415 729	0.655 5	11.819 8	N = 182
	between		1.926 33	1.689 479	7.319 956	n = 13
	within		1.546 453	-1.025 52	7.932 726	T = 14
FD	overall	2.443 686	1.258 413	1.134 097	7.574 625	N = 182
	between		1.238 162	1.476 174	6.323 701	n = 13
	within		0.400 833	1.524 923	4.115 651	T = 14
FW	overall	1.186 53	0.419 139	0.237 837	2.051 383	N = 182
	between		0.263 08	0.863 198	1.706 232	n = 13
	within		0.333 823	0.430 846	1.845 441	T = 14
IV	overall	0.371 67	0.436 6	0.019 215	2.547 598	N = 182
	between		0.330 836	0.089 247	1.140 162	n = 13
	within		0.298 376	-0.584 03	1.779 106	T = 14
G	overall	0.104 79	0.194 813	0.004 686	1.279 509	N = 182
	between		0.160 794	0.025 09	0.576 412	n = 13
	within		0.118 129	-0.324 87	0.807 886	T = 14
O	overall	0.219 76	0.235 712	0.008 136	1.201 801	N = 163
	between		0.216 624	0.029 362	0.786 335	n = 13
	within		0.092 94	-0.169 00	0.635 236	T-bar = 12.538 5

三、单位根检验

采用非平稳的时间序列进行回归分析，会导致传统的 t 检验失效，从而出现伪回归或伪相关的情况，所以在进行回归分析之前，需要先对各个变量进行单位根检验，判断其是否为平稳序列。本章采用了 IPS 检验和 PP-Fisher 检验两种检验方法对各变量进行单位根检验。IPS 检验和 PP-Fisher 检验的原假设都是存在单位根，检验结果如表 3-7 所示，其中 PP-Fisher 检验仅报告了 Pm 检验统计量的值，判断各变量是否平稳则根据 PP-Fisher 检验的四种检验结果综合考虑，而不管是根据 IPS 检验还是 PP-Fisher 检验的结果来看，各变量都不能拒绝原假设，即存在单位根，为非平稳序列。对变量做一阶差分变化后的检验结果如表 3-8 所示，各变量差分变化后的 IPS 检验结果和 PP-Fisher 检验结果均在 1%的置信水平下拒绝原假设，即各变量一阶差分后都为平稳序列，原序列都是一阶单整序列，记为 I（1）。

表 3-7　各个变量的单位根检验结果

检验方法	Variable（变量）	Statistic（检验统计量）	P-value（P 值）	是否平稳
IPS 检验	*PCGDP*	2. 022 6	0. 978 4	非平稳
	FD	0. 769 8	0. 779 3	非平稳
	FW	-0. 894 1	0. 185 6	非平稳
	IV	-0. 398 5	0. 345 1	非平稳
	G	5. 081 4	1. 000 0	非平稳
	O	-0. 264 1	0. 395 9	非平稳
PP-Fisher 检验	*PCGDP*	-2. 640 2	0. 995 9	非平稳
	FD	-1. 983 8	0. 976 4	非平稳
	FW	-0. 314 8	0. 623 5	非平稳
	IV	2. 424 0	0. 007 7	非平稳
	G	-3. 046 4	0. 998 8	非平稳
	O	0. 305 6	0. 380 0	非平稳

注：PP-Fisher 检验统计量此处仅报告了 Pm 统计量

表 3-8　各个变量的一阶差分变换后的单位根检验结果

检验方法	Variable（变量）	Statistic（检验统计量）	P-value（*P* 值）	是否平稳
IPS 检验	Δ*PCGDP*	-5.845 5	0.000 0	平稳
	Δ*FD*	-4.954 5	0.000 0	平稳
	Δ*FW*	-6.469 6	0.000 0	平稳
	Δ*IV*	-4.986 3	0.000 0	平稳
	Δ*G*	-3.022 8	0.001 3	平稳
	Δ*O*	-7.334 7	0.000 0	平稳
PP-Fisher 检验（Pm 统计量）	Δ*PCGDP*	7.252 8	0.000 0	平稳
	Δ*FD*	12.912 7	0.000 0	平稳
	Δ*FW*	25.725 9	0.000 0	平稳
	Δ*IV*	20.969 0	0.000 0	平稳
	Δ*G*	5.496 0	0.000 0	平稳
	Δ*O*	13.852 7	0.000 0	平稳

注：Δ 为各变量的一阶差分变换；PP-Fisher 检验统计量此处仅报告了 Pm 统计量

四、协整检验

通过单位根检验发现各变量都为一阶单整序列，鉴于一阶差分后的变量的经济含义与原序列不同，本章仍倾向于用原序列进行回归分析，所以需要进行协整检验，以验证各变量之间是否存在长期均衡关系，从而判断能否使用原序列进行回归。本章选用了 Kao 检验和 Pedroni 检验两种面板数据协整检验方法进行检验，检验结果如表 3-9 所示，各检验统计量都在 5%的置信水平下显著，拒绝不存在协整关系的原假设，故而可以使用各变量的原序列进行回归。

表 3-9　各种协整检验结果

检验方法	Statistic（检验统计量）	P-value（*P* 值）
Kao 检验	-1.842 6	0.032 7
	-2.035 9	0.020 9
	-2.749 7	0.003 0

续表

检验方法	Statistic （检验统计量）	P-value （P 值）
Pedroni 检验	4.677 8	0.000 0
	−3.560 7	0.000 2
	−6.267 4	0.000 0

五、组间异方差检验

面板数据的回归方法通常是 OLS 回归，但在存在组间异方差时，会导致 t 检验和 F 检验统计量失效，进而使 OLS 的估计不再是最佳线性无偏一致性估计。所以在进行回归前我们要先做组间异方差的检验。本章采用了 Green（2000）所提供的对组间异方差的沃尔德检验，该检验的原假设（H0）为“同方差”，即不存在异方差。检验结果如表 3-10 所示，P 值为 0.000 0，远小于 0.01（1%置信水平），强烈拒绝原假设，所以本章所使用的面板数据存在组间异方差，后面的回归分析过程中会采用相应的方法进行处理。

表 3-10　组间异方差检验结果

检验	检验统计量值	P 值	结果
组间异方差	325.15	0.000 0	存在

六、面板数据回归模型的筛选

前文已经提到，在对面板数据进行具体的回归分析之前，需通过各项检验来确定面板数据回归的具体模型，即混合回归、固定效应和随机效应模型。首先，本章通过 F 检验判断是否应该使用混合回归模型，结果如表 3-11 所示，F 检验的 P 值远小于 0.01，强烈拒绝原假设（H0：混合回归模型为正确模型），即应该使用固定效应或者随机效应模型。

表 3-11　F 检验结果

检验统计量	检验统计量值	P 值	是否使用混合回归
F	23.69	0.000 0	否

对于固定效应模型和随机效应模型的选择，通常是通过 Hausman 检验固定效应和随机效应的系数估计量是否共同收敛于真实的参数值，即（$\widehat{\beta}_{fe}$ - $\widehat{\beta}_{re}$）$\xrightarrow{p}0$，但是 Hausman 检验的前提条件是在原假设（H0：随机效应模型为正确模型）成立的情况下，$\widehat{\beta}_{re}$ 估计量是最有效率的。然而，如果扰动项中存在异方差，$\widehat{\beta}_{re}$ 估计量就并非是最有效率的估计量。通过前一节的检验结果，我们知道本章所使用的面板数据回归是存在异方差的，此时 Hausman 检验的结果并不准确，需要构造新的辅助回归（此过程由 Stata 自动完成），并且使用聚类稳健标准误 *r* 来检验原假设（H0：随机效应模型为正确模型），检验结果如表 3-12 所示，辅助回归后的检验结果在 1%的置信水平下拒绝原假设，所以应该使用固定效应模型。

表 3-12 辅助回归后的检验结果

检验统计量	检验统计量值	*P* 值	是否使用随机效应模型
Chi-sq（5）	85.672	0.000 0	否

七、“OLS+面板校正标准误”回归

经过前文的各项相关检验，本章最终确定使用固定效应模型进行回归分析，但普通的固定效应模型的回归方法是在模型两边对时间取平均，然后用原模型减去取完平均的模型，从而消除固定效应，再用普通最小二乘法（OLS）得到一致的估计系数 β，而由于本章所采用的面板数据存在组间异方差的问题，会导致使用普通最小二乘法（OLS）所得到的参数估计量不准确，为了解决这一问题，本章使用陈强（2014）提供的被学术界广泛认可的“OLS+面板校正标准误”方法进行估计。最终的估计结果如表 3-13 所示，变量 *FD* 的估计系数为 0.503 079，在 10%的置信水平下显著（*P* 值 = 0.083 < 0.1）；变量 *FW* 的估计系数为 1.024 695，且在 1%的置信水平下显著（*P* 值 = 0.002 < 0.01），且变量 *FD*、*FW* 的估计系数经过标准化处理后分别为0.262 066 和 0.341 295。

表 3-13　"OLS+面板校正标准误"的回归结果

Variable（变量）	Coef.（估计系数）	Robust Std. Err.（标准误）	t（t 统计量值）	P>|t|（P 值）
FD	0.503 079	0.266 085	1.89	0.083
FW	1.024 695	0.265 986	3.85	0.002
IV	2.935 831	0.796 362	3.69	0.003
G	2.346 278	0.760 144	3.09	0.009
O	0.169 022	1.676 438	0.10	0.921

八、稳健性检验

为了检验本章所用模型的估计结果的稳健性，参考邵宜航（2015）、王景武（2005）等学者的研究使用总贷款余额占 GDP 比率的指标（用符号 *L* 表示）衡量金融深度，参考胡宗义等（2013）、赵振全等（2007）的研究使用 GDP 作为被解释变量，本章分别用更换解释变量指标选取、被解释变量指标选取的方法做了稳健性检验。检验结果如表 3-14、表 3-15、表 3-16 所示，各种稳健性检验的结果都表明，京津冀金融深度、金融宽度与经济增长都有着显著的正相关关系。

表 3-14　更换解释变量的稳健性估计结果

Variable（变量）	Coef.（估计系数）	Robust Std. Err.（标准误）	t（t 统计量值）	P>|t|（P 值）
L	1.237 339	0.617 129	2.00	0.068
FW	1.079 281	0.271 839	3.97	0.002
IV	2.783 882	0.756 322	3.68	0.003
G	3.117 676	0.471 949	6.61	0.000
O	0.516 093	1.762 042	0.29	0.775

注：解释变量由 *FD* 更换为 *L*

表 3-15 更换被解释变量的稳健性估计结果

Variable（变量）	Coef.（估计系数）	Robust Std. Err.（标准误）	t（t 统计量值）	P>|t|（P 值）
FD	0.249 709	0.081 245	3.07	0.010
FW	0.764 555	0.105 068	7.28	0.000
IV	0.706 297	0.128 719	5.49	0.000
G	−0.308 76	0.133 476	−2.31	0.039
O	0.065 526	0.389 253	0.17	0.869

注：被解释变量由 *PCGDP* 更换为 *GDP*

表 3-16 被解释变量和解释变量都更换的稳健性估计结果

Variable（变量）	Coef.（估计系数）	Robust Std. Err.（标准误）	t（t 统计量值）	P>|t|（P 值）
L	0.503 19	0.192 027	2.62	0.022
FW	0.816 372	0.100 607	8.11	0.000
IV	0.628 629	0.146 079	4.30	0.001
G	0.061 865	0.114 470	0.54	0.599
O	0.174 046	0.426 999	0.41	0.691

注：被解释变量由 *PCGDP* 更换为 *GDP*，解释变量由 *FD* 更换为 *L*

第六节 研究结论和政策建议

一、研究结论

本章以 2003—2016 年京津冀区域 13 个城市的面板数据为样本，参考学者们已有的研究成果，选取人均国内生产总值作为衡量经济增长的被解释变量，分别将存贷款余额之和与 GDP 比值、金融机构数量与人口比值作为衡量金融深度和金融宽度的解释变量，并在控制了固定投资、政府支出、对外开放因素后，采用固定效应模型对京津冀区域金融深度、金融宽度对经济增长的影响进行相关研究。现对研究结果总结如下。

第一，京津冀金融深度对经济增长有显著的正向影响，且这一结果是稳健的，这与大多数相关文献（Goldsmith，1969；Mckinnon，1973；Shaw，1973；King、Levine，1993；Maksimovic，2001；Ben Jedidia，2014；赵志华，2005；王伟，2011；李强，2013）的研究结论一致。分析表5-9所显示的实证结果中的回归系数可以发现，解释变量金融深度（*FD*）的系数为0.503 079，这意味着京津冀地区金融深化程度（存贷款余额之和/GDP）每提高1个单位，能够促进人均国内生产总值增加0.503 079万元/人。京津冀金融深度的继续深化对于经济增长有明显的促进作用，这可能是因为京津冀地区金融深度的发展还不足以满足经济活动的需求，而京津冀地区内部多数城市的金融深度都低于全国平均水平的现状也在一定程度上反映了这一问题。因此，京津冀金融深度的提高、金融资产规模的扩大，可以使金融活动对经济的渗透力增强，提供更多更高额的资本支持，同时促使经济体内技术的革新，进而推动经济增长。

第二，京津冀金融宽度对经济增长有显著的正向影响，这一结果同样稳健，这与前文的理论分析是相吻合的，进一步分析表5-9所显示的实证结果中的回归系数可以发现，解释变量金融宽度（*FW*）的系数为1.024 695，这意味着京津冀地区金融机构数量平均每万人增加1个，能够促进人均国内生产总值增加1.024 695万元/人。京津冀金融宽度的拓展对于经济增长也有明显的促进作用，这可能是人均金融机构数量的增加提升了金融服务的覆盖性和可得性，使更多有金融服务需求的人能够享受到金融服务带来的便利，减轻金融歧视与不公。同时，这些新入金融市场的群体也为金融市场注入了活力，让金融活动变得愈加频繁，从而提升了金融体系的运转效率，也为落后地区生产技术的改进提供了更多、更易得的支持，进而推动了经济增长。

第三，金融宽度的提高对于经济增长的促进作用明显强于金融深度的提高。这从经过数据标准化处理后金融宽度的回归系数大于金融深度的回归系数即可以看出。这可能是发展中国家的通病，即早期金融发展更多注重于金融资本的积累而难以兼顾金融覆盖性、可得性的提升，导致金融宽度一直处于一个较低的水平，因此对其较低的投入就能获得更大的边际收益。

第四，京津冀地区金融、经济发展不均衡的问题尤为突出，甚至呈现出北京、天津、保定、廊坊等较发达地区与其余较不发达地区两极分化的趋势。从前文的现状分析能够看到，京津冀地区各城市中经济发展水平与金融深度超过全国平均水平的城市不足半数，其中仅北京、天津、保定、廊坊等城市发展程度较高，且其金融宽度水平虽高于全国平均水平，但也十分有限，这与京津冀地区作为我国三大区域经济之一、带动环渤海地区经济发展的战略目标还相距甚远。本章认为造成这一结果的原因有二：一是北京作为我国的首都，首要的是其行政职能，这造成整个京津冀地区的经济发展目标次于其确保有效发挥地区行政职能的目标；二是北京、天津作为直辖市，享有许多的政策、资源倾斜，其周边城市也在一定程度上受益，进而加剧了它们与其他边缘城市之间发展不平衡的问题。

二、政策建议

基于金融深度、金融宽度对于经济增长有明显促进作用，且金融宽度的促进作用更大，以及京津冀地区金融、经济发展不平衡等结论，参考前文的理论现状分析，结合京津冀区域的实情，为了使金融更好地服务于经济发展，我们提出了以下具有针对性的政策建议。

第一，金融体系的发展以拓宽金融宽度为主，增加人均金融机构数量，提升金融可得性，增大金融覆盖面，提高金融服务质量，拓宽中小企业、个人获得金融服务的渠道，有效地降低金融市场准入成本，使更多的低收入群体能够享受到金融服务带来的各项福利，减少不公平和贫困，更好地发挥金融中介功能。例如，在金融宽度较为狭窄的地区，大力推进基础金融机构建设，适当放宽或调整金融机构的准入限制，解决金融机构网点覆盖率低等问题。

第二，金融体系的发展以深化金融深度为辅，增大资本的累积，增加金融供给，发挥金融中介的资金融通功能，加强金融活动对经济的渗透力，为自主创新、技术变革等提供足够的资本支持，充分发挥金融深度对经济的促进作用。同时，金融深度不应该局限于信贷方面，也要注重多元化发展。

第三，政府需完善相关法制、加强金融体系道德建设，提升金融服务的公平性，提高金融体系服务意识和平等意识，减轻其对于大型企业、国有企业的依赖，消除其对小企业、个人的歧视，促进金融市场的民主化。同时，实施适当的金融约束，把控金融发展的方向，尽快弥补金融宽度发展不足的短板，兼顾金融深度的持续良性发展，进而更好地发挥金融对经济的促进作用。

第四，政府与各方都应重视京津冀协同发展，调整优化金融资源布局，在充分发挥北京、天津等城市的带领作用的同时，将资源适当向邯郸、沧州等发展水平较低的城市倾斜，以缓解京津冀区域内部各城市金融深度、金融宽度、经济发展不均衡的问题，加快京津冀金融市场一体化进程，努力形成京津冀协同发展新格局。

第四章　海西经济区金融发展与金融资源差异

海西经济区位于东部沿海、南部沿海和长江中下游区域的结合点，是一个新的经济增长极，尤其是海西经济区可以与我国台湾地区构成新发展区域。因此，探讨海西经济区金融发展与金融资源差异问题具有重要意义。

本章首先运用泰尔指数模型，依据 2004—2016 年金融相关数据，测算出海西经济区四个省和 20 个地级市之间的金融发展差异程度。然后，结合实际情况，对造成差异的原因进行分析，并提出采用区域化政策、加大对落后地区扶持等政策建议。

第一节　海西：东南部沿海和长江中下游区域的结合点

海峡西岸经济区是我国重要的地域经济综合体，它以福州、泉州、厦门、温州、汕头五大中心城市为核心，由浙江省、广东省、江西省、福建省的 20 个地级市（福州、厦门、泉州、莆田、三明、南平、宁德、龙岩、温州、丽水、衢州、上饶、鹰潭、漳州、赣州、抚州、汕头、潮州、揭阳、梅州）所组成，是国家级的城市群，同时也是沿海经济带的重要组成部分。在不久的将来，海西经济区有望成为继长三角、珠三角、环渤海经济区之后，中国又一大经济区域和经济增长新引擎。

改革开放以来，我国的金融发展取得了历史性的成就，金融作为经济背后强有力的助推器，也在不断推动着经济的发展。在中共中央政治局第十三次集体学习上，习近平总书记强调“金融活，经济活；金融稳，经济稳。经济兴，金融兴；经济强，金融强。经济是肌体，金融是血脉，两者共生共荣”。由此可见，金融与经济密不可分，二者相辅相成。近年来，海西经济区经济发展迅速，但各地区之间经济发展情况存在很大差异，根据 2016 年 GDP

数据显示，广东省 GDP 约为浙江省的两倍，达到 8 万亿元，而福建省与江西省国内生产总值分别只有 2.8 万亿元和 1.8 万亿元。由此可见，我国海西经济区经济发展并不均衡，而其中一部分原因缘于其内部金融发展不均衡。根据 2017 年各地统计年鉴显示，广东省 2016 年金融业增加值为 6 127.05 亿元，浙江省为 3 050.61 亿元，而江西省与福建省较为落后，分别为 1 056.3 亿元与 1 866.17 亿元。其背后的原因在于，金融业往往主要集中在发达地区和中心城市，导致各地区之间的经济发展水平差异逐渐扩大，制约了区域经济的均衡发展。

而现有的大多数研究是基于国家层面来研究金融差异的，对省内城市以及省间差异的研究较少，对海西经济区的研究则相对更少。因此，本章选取海西经济区的四个省份及 20 个地级市，着重进行金融差异分析。这种下沉到地级区域的研究正是本书的研究特色。

第二节　海西经济区金融资源差异的实证分析

一、金融深度的度量

本章选取金融相关比率对各地金融发展深度进行度量。金融相关比率由 Raymond W. Goldsmith 提出，是指某一日期一国全部金融资产价值与该国经济活动总量的比值。在我国，银行贷款是企业融资的最重要方式，长期占比超过 60%，并且根据中国人民银行数据显示，我国居民金融资产主要集中于银行。因此，结合海西经济区的数据特点，本章将银行存贷款余额作为我国全部金融资产的代替变量，由此对海西经济区金融发展深度进行测量。

根据表 4-1 可以看出，海西经济区各省份的金融发展深度都逐年增加，但浙江省金融深度位列四省之首，广东省紧随其后，江西省金融深度在 2004—2014 年发展较慢，但在 2015 年与 2016 年发展迅速，2016 年金融发展深度超过了之前一直遥遥领先的福建省。

表 4-1 海西经济区各省份 2004—2016 年金融发展深度指数

年份	福建省	浙江省	江西省	广东省
2004	1.942 6	2.819 0	1.948 6	2.926 5
2005	1.993 6	2.850 0	1.867 1	2.715 1
2006	2.115 6	2.913 0	1.820 7	2.602 6
2007	2.043 0	2.877 8	1.730 6	2.504 1
2008	2.038 6	3.035 0	1.703 5	2.444 7
2009	2.288 5	3.668 3	2.059 9	2.892 5
2010	2.352 8	3.658 5	2.089 8	2.908 3
2011	2.309 5	3.531 4	2.018 7	2.822 9
2012	2.410 2	3.640 2	2.156 1	3.017 0
2013	2.510 6	3.683 4	2.268 8	3.126 9
2014	2.573 6	3.748 9	2.383 2	3.138 2
2015	2.715 2	3.888 6	2.607 3	3.516 6
2016	2.716 9	3.837 7	2.754 3	3.596 0

二、金融资源差异的度量

本章选取泰尔指数进行相对差异分析。泰尔指数又称为泰尔熵标准，相比于标准差和方差，泰尔指数具有可拆分性，可以拆分为组内差异与组间差异，因此现已被广泛运用于学术研究当中。泰尔指数越大，说明差异度越大，相反，泰尔指数越小，说明越相似。

根据上述 FIR 指数，本章利用区域银行年末存贷款余额与国内生产总值（GDP）的比率来构建泰尔指数，进行相对差异分析。

泰尔指数的计算公式为：

$$T = \sum_{i=1}^{n}\left(\frac{F_i}{F}\ln\frac{F_i/F}{Y_i/Y}\right) \tag{4-1}$$

其中，T 表示差异的大小，F 表示区域银行年末存贷款余额，Y 表示国内生产总值（GDP）。

海西经济区包括 4 个省、20 个地级市，由此，各省的泰尔指数表示为：

$$T_f = \sum_{i=1}^{9}\left(\frac{F_i}{F_f}\ln\frac{F_i/F_f}{Y_i/Y_f}\right) \tag{4-2}$$

$$T_g = \sum_{i=1}^{4}\left(\frac{F_i}{F_g}\ln\frac{F_i/F_g}{Y_i/Y_g}\right) \tag{4-3}$$

$$T_z = \sum_{i=1}^{3}\left(\frac{F_i}{F_z}\ln\frac{F_i/F_z}{Y_i/Y_z}\right) \tag{4-4}$$

$$T_j = \sum_{i=1}^{4}\left(\frac{F_i}{F_j}\ln\frac{F_i/F_j}{Y_i/Y_j}\right) \tag{4-5}$$

其中，T_f，T_g，T_z，T_j分别表示福建省、广东省、浙江省、江西省的金融差异度，F_f，F_g，F_z，F_j分别表示福建省、广东省、浙江省、江西省的年末银行存贷款余额，Y_f，Y_g，Y_z，Y_j表示福建省、广东省、浙江省、江西省的 GDP 水平；F_i与 Y_i表示各省份内部各城市的年末银行存贷款余额与 GDP 水平。

根据泰尔指数分解原则，可以将泰尔指数拆分为区域内差异以及区域间差异，表示如下。

区域内差异：

$$T_{ir} = \frac{F_f}{F}\times T_f + \frac{F_g}{F}\times T_g + \frac{F_z}{F}\times T_z + \frac{F_j}{F}\times T_j \tag{4-6}$$

区域间差异：

$$T_{br} = \sum_{i=1}^{n}\left(\frac{F_i}{F}\ln\frac{F_i/F}{Y_i/Y}\right) \tag{4-7}$$

$$i = f,\ g,\ z,\ j$$

三、数据选取及来源

本章选取 2004—2016 年海西经济区各地区年末银行存贷款余额以及国内生产总值（GDP）作为模型统计数据，其数据均来自 Wind 数据库以及各地统计年鉴。

海西经济区包括：浙江省、广东省、江西省、福建省四省下属的 20 个地级市（福州、厦门、泉州、莆田、三明、南平、宁德、龙岩、温州、丽水、衢州、上饶、鹰潭、漳州、赣州、抚州、汕头、潮州、揭阳、梅州）。

四、相对差异分析

通过计算得出各省份 2004—2016 年泰尔指数，结果如表 4-2 所示。

表 4-2 海西经济区各省份 2004—2016 年金融发展差异泰尔指数

年份	福建省	浙江省	江西省	广东省
2004	0.280 4	0.022 9	0.023 9	0.024 5
2005	0.311 8	0.024 3	0.033 3	0.018 0
2006	0.330 6	0.017 6	0.029 5	0.017 4
2007	0.358 1	0.014 2	0.032 8	0.018 8
2008	0.363 2	0.015 0	0.038 6	0.019 2
2009	0.407 1	0.020 0	0.045 5	0.020 9
2010	0.407 3	0.026 7	0.041 3	0.021 8
2011	0.380 8	0.030 9	0.047 5	0.021 0
2012	0.351 6	0.020 5	0.051 6	0.022 8
2013	0.392 2	0.012 6	0.056 2	0.022 7
2014	0.403 4	0.017 2	0.049 1	0.023 0
2015	0.416 6	0.018 5	0.050 0	0.025 0
2016	0.401 7	0.018 3	0.052 2	0.024 6

从泰尔指数数值看，福建省泰尔指数数值最大，整体分布于 0.3～0.4，这说明福建省内部金融发展程度差异较大。而其余三省泰尔指数远低于福建省，其中浙江省与广东省金融发展差异较小，泰尔指数基本维持在 0.02 左右，说明省内各地区的金融发展程度较为接近。江西省处于中等水平，其内部差异程度略高于浙江和广东省，大约在 0.04 左右的水平，内部差异远低于福建省。因此，总体来看，福建省内部金融发展差异程度最大；相对于浙江省与广东省，江西省内部地区金融发展也较为不均衡。

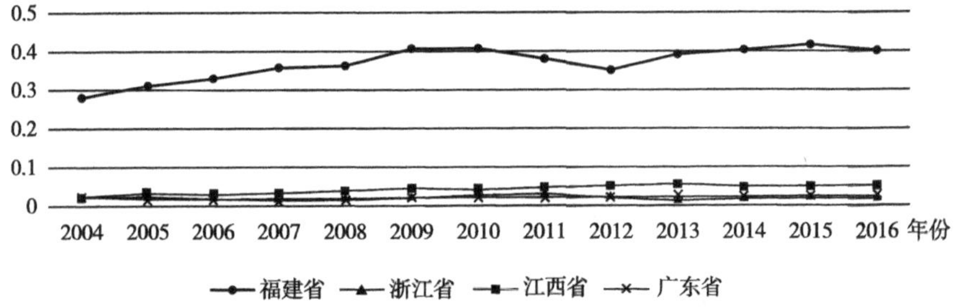

图 4-2 海西经济区各省份泰尔指数 2004—2016 年整体趋势

从金融差异发展趋势来看，虽然福建省泰尔指数在2009—2012年间下降了0.05，但整体呈现明显的上升趋势，在2015年达到最高点后稍有下降，说明福建省内部金融差异程度在逐步增大。而其他三省的泰尔指数在这13年间较为平稳，整体稍现下降趋势，但并没有产生剧烈的变化，这说明浙江省、江西省与广东省内部金融差异程度保持相对稳定。

从金融差异来源看，海西经济区的金融差异主要来自区域间差异（见表4-3）。根据计算结果，整体泰尔指数均分布于0.15之上，区域间差异对于总差异贡献程度达到70%左右，是构成总体差异的主要组成部分，而区域内差异仅为30%，其最大值也只有0.074 1。这说明四个省份间金融资源分布差异程度较为显著，而在四个省份内部城市差异相对较小。

表4-3　2004—2016年海西经济区区域内与区域间差异

年份	区域内差异	区域间差异	总体差异
2004	0.051 0	0.118 9	0.169 9
2005	0.053 0	0.106 5	0.159 5
2006	0.054 2	0.094 9	0.149 1
2007	0.057 6	0.099 6	0.157 2
2008	0.059 1	0.123 6	0.182 7
2009	0.066 8	0.137 0	0.203 9
2010	0.071 0	0.133 3	0.204 4
2011	0.070 7	0.130 9	0.201 6
2012	0.065 9	0.119 4	0.185 3
2013	0.070 0	0.114 0	0.184 1
2014	0.074 1	0.107 8	0.181 9
2015	0.076 5	0.110 6	0.187 1
2016	0.074 1	0.106 0	0.180 1

总之，海西经济区总体差异与区域间差异均呈现先上升后下降的趋势，二者均在2010年后达到最高点，并在2010年开始逐年下降，这说明海西经济区四个省份的金融区间差异以及总体差异均自2010年后逐渐缩小

(见图4-3)。相反，与总体差异和区域间差异相比，海西经济区区域内差异变化较为平稳，整体呈现小幅上升趋势，在2016年时，区内差异与区间差异十分接近，分别为0.074 1和0.106 0。

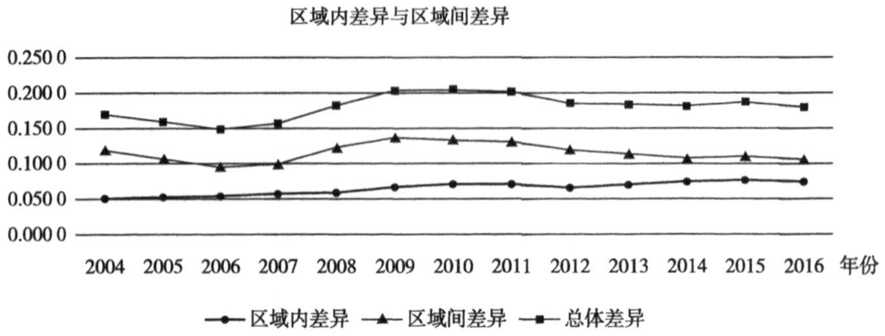

图4-3　2004—2016年海西经济区区域内与区域间差异

第三节　海西经济区金融资源差异的原因分析

一、经济发展水平

一个地区的经济发展水平越高，相应的金融发展水平也会越高。经济水平高，说明实体经济需要更多的金融支持、获得更多的资金，从而拉动金融产业的发展。较高的经济发展水平会拉动企业对更高层次金融产品的需求，同时，经济增长使得居民收入水平有所提高，当人们有了闲置资金时，往往会考虑投资一些金融产品，以获得更高的投资回报，从而带动金融业的进步。相反，当经济并不景气时，资金较为紧张，整体社会投资水平会下降，人们也没有多余的资金用于投资金融市场，从而导致金融业下滑。

经济与金融的关系是相辅相成的，当金融业发展迅速时，资金逐渐由闲置部门向紧缺部门流动，使得资金紧缺部门逐步发展起来，大大提高这些部门的生产力，带动整体经济的增长。

总体来说，金融与经济的联系十分紧密，导致区域金融发展差异的最直接原因就是各区域经济发展水平的不均衡。因此，对于海西经济区而言，广东和浙江的经济发达，占有的金融资源多，金融深度水平高，而福建和江西经济相对落后，相应地金融资源也就较少，金融深度水平低。另外，海西经济区各大中心城市的经济相对发达，吸引着区域内的金融资源，从而导致省内出现金融资源差异，经济差距越大，金融资源差异越大。例如，福建省内厦门、泉州经济占据绝对优势，相应地，其金融资源也相对丰富，因而福建省内的金融资源差异十分突出。

二、社会发展水平

社会发展水平包含很多因素，如教育、科技、人口等。首先，教育水平是很重要的一个因素，教育水平越高，人们对于金融业更为了解，接受程度相对较高，而教育水平低的地区，当地人口普遍素质较低，对于金融的整体接受程度也就不高。其次，科技水平影响地区金融发展水平，在科技较发达的地区，人们从网络、电视等渠道可以很方便地获得金融方面的相关知识，对于金融活动也就有更高的参与热情，但在科技欠发达地区，信息欠缺，金融参与度也就相应降低。最后，金融产业一般聚集在人口较多的地方，人口少的地区难以形成金融集聚。

因此，海西经济区的广东和浙江的社会发展水平较高，占有的金融资源多，金融深度水平高；而福建和江西经济相对落后，金融资源也就相对较少，金融深度水平低。

三、政府行为与市场化水平

政府可以通过货币政策对我国经济进行宏观调控。当执行货币宽松政策时，经济较好的地区由于资金规模大，经济发展会更为迅速，金融市场也会变得更加活跃；而对于经济较为落后的地区，虽然宽松政策对其经济也有一定的激励作用，但影响小于经济发达地区，从而使得二者金融水平差距扩大。相反，当政府采取货币紧缩政策时，货币供给量减小，企业与个人的借贷成本随之上升，整体投资规模也会随之降低，经济降温，而对于金融体系与机构较为完善的地区来说，企业可以通过更多其他的金融手段进行融资，来降低银行信贷紧缩带来的消极影响，但是，在金融体系与机构不完善的地区，大多数企业资金来源于银行借贷，货币紧缩对于这些企业影响较大，借贷成本提高将导致企业不愿参与投资，生产力降低，经济萎缩，金融业也会受到较大的冲击，扩大区域间金融发展差异。

因此，对于海西经济区而言，广东省和浙江省经济和市场化水平较高，金融市场相对发达，容易集聚金融资源，而江西省经济和市场化水平相对落后，相应地金融市场也较落后，集聚的金融资源也就相对少。

四、地理因素

地理位置是决定一个地区经济与金融发展情况的先天因素，好的气候、肥沃的土地、丰富的水资源往往会吸引更多的人口和企业落地扎根，也就意味着资金的聚集、金融业的繁荣。丰富的物质资源是一个地区先天的优势，人的生活是以物质为基础的，如果一个地区拥有丰富的矿产资源，则可以此赚取经济利益，带动当地的经济发展。此外，沿海地区的优势往往更大，不仅生态环境好，还可以利用先天的地理优势发展对外经济，促进对外贸易发展，在吸引人才、科技和降低成本上有着得天独厚的优势，带动经济快速发展，从而加大了内陆与沿海地区的金融差异。

因此，对于海西经济区而言，广东省和浙江省是沿海区域，交通和信息条件优越，金融市场相对发达，容易集聚金融资源，而江西省是内陆区域，交通和信息相对不便，相应地金融发展也较落后，集聚的金融资源也就相对较少。

五、产业结构

产业结构的升级伴随技术进步及新兴产业的出现，需要较大规模的资金支持，尤其是在新兴企业起步的初期，为了发展壮大，需要更多的资本支持。然而，新兴企业的未来面对着诸多的不确定性，对于投资者来说，投资风险很高，为了规避金融市场的消极反应，金融机构必须创新和研发更多的金融工具，在保证初创新兴企业顺利融资的同时，也降低投资者面临的风险。因此，完善健全的金融系统以及多样化的金融产品可以提高金融创新能力，促进金融业的发展。新兴产业往往诞生于经济发达地区，这就使得其与落后地区的金融差异进一步扩大。

因此，对海西经济区而言，广东省和浙江省产业结构占据优势，新兴产业尤为突出，容易集聚金融资源，而江西省和福建省产业结构则相对落后，集聚的金融资源也就相对较少。

第四节　研究结论和政策建议

一、研究结论

（一）主要结论

1. 海西经济区四个省份泰尔指数差别较大

福建省 2004—2016 年泰尔指数最大，这说明福建省内部九个城市之间金融发展差异程度最大，远高于其他三个省份。江西省内部四个城市差异程度略高于浙江省与广东省内部的三个城市，泰尔指数在 0.5 上下浮动，浙江省与广东省各城市间金融发展差异最小，并且两省份差异程度相似。

2. 海西经济区四个省份泰尔指数有下降趋势

从变化趋势来看，福建省的泰尔指数在 2004—2009 年一直呈较大幅度的上升趋势，在 2009—2012 年小幅下降后，又恢复上升但增速明显小于前期，这说明福建省内部区域金融差异一直在不断扩大，但扩大速率有所降低。江西省、浙江省、广东省三个省份泰尔指数在 2004—2016 年整体变化不大，但都有所下降，说明这三个省份内部差异在逐渐缩小。

3. 海西经济区金融发展差异主要来源于区域间差异

区域间差异的贡献率达到 70%，约为区域内部差异的 2.3 倍，因此，这四个省份间的金融差异决定了海西经济区内部的总体金融差异。正因如此，总体差异的发展趋势与区域间差异的发展趋势基本相同，这两个指标均以 2006 年为分界点，在 2006 年前大幅下降，之后开始上升，在 2010 年达到最高点后，稍有下降，这表明无论是总体差异还是省份区域间差异都有下降的趋势。而区域内差异变化则与之相反，除 2010—2012 年和 2016 年指数有所下降外，其余年份均有所增大，并在2016年接近区域间差异指数。由此看来，区域内差异有超越区域间差异成为总体差异主体的趋势。

（二）结论分析

1. 浙江

结合实际情况来看，浙江金融发展差异有限。温州市为沿海城市，在发展对外贸易业务方面，相比于丽水和衢州有着得天独厚的优势，再加上我国推出向东部及沿海地区实行倾斜的差别性税收政策，使得在促进温州等临海地区经济发展的同时，丽水与衢州等地资金趋于紧张，金融市场发展较慢，导致温州与这两个地区经济发展差距逐渐扩大。但由于温州内部的金融结构并不完善，社会融资渠道单一，主要通过间接融资渠道，直接融资规模较小，且温州地区以小企业为主，大多涉足传统制造业，新兴产业和高新技术产业较少，传统制造企业对金融服务需求较小，由此稀释了温州得天独厚的优势，导致其金融业发展与其余两地相差不大。

2. 福建

福建金融发展差异明显。泉州、福州两地 GDP 总和将近福建省 GDP 的50%。这主要是因为泉州市目前已成为第三个国家级金融综合改革试验区，金融资源总量大，金融市场较为活跃，推动了整体经济的加速进步。福州作为福建省的省会以及全国首批沿海开放港口城市，经济发展十分迅速，在被列入全国第三批金融体制改革试点城市后，福州市逐步建立和发展了许多新型的金融机构，包括外资银行、商业银行、信托公司、资产管理公司等都纷纷落户于福州市，由此带动了福州市金融业的进步。此外，近年来，中央十分重视和支持海西经济区的建设，从《福州市构建海西现代金融中心总体方案》的提出到海峡金融商务区落户福州，数十家金融总部机构和区域总部机构入驻，福州的金融业取得了前所未有的发展。相比于泉州与福州来说，厦门的土地面积较小，阻碍了实体经济发展，但自从厦门在2014年成为自由贸易试验区后，贸易发展迅速，并且推动了多项金融创新，引进上千家金融企业，促进了厦门地区经济与金融的共同发展。相比于以上三个城市，福建省其他城市发展较为落后，造成了金融发展两极分化的状态。

3. 广东

广东四个城市金融发展程度较为相似，发展水平中等。汕头是广东省的一个经济特区，在国家和省级政策、规划、资金、项目上可以对汕头给予更多的帮助与指导，但汕头没有把握好这些发展机会，整体经济仅略好于其他三个城市。广东省的金融资源主要集中于珠三角地区，珠三角地理位置优越，有珠江水道，对外贸易十分便利，并且临近香港、澳门，借助国家对香港、澳门的支持得以共同发展。

4. 江西

江西省内四个城市的金融发展差异程度较大。赣州地处江西省东南部，是江西省的副中心城市，与广东省毗邻，随着改革开放后我国沿海地区的发展，受到广东地区辐射效应的影响较大，赣州的经济迅速增长。与此同时，赣州资源丰富，拥有众多的有色金属资源，建立起许多稀有金属、有色金属开采加工基地，但由于地处丘陵地带，对其经济发展有诸多不利。上饶、鹰潭、抚州都位于江西北部，但江西省北部经济与金融资源主要集中在南昌和九江地区，这两个地区的投资活动也较活跃。相比于鹰潭与抚州，上饶临近沿海地区，并且自然资源十分丰富，环境优美，是我国著名的旅游城市。根据 2018 年数据，上饶旅游综合收入达到 1 820. 6 亿元，带动了整体经济发展，进而拉动金融业的发展。

二、政策建议

（一）采用区域化政策

实施区域化政策可以有效降低统一金融政策导致的区域金融发展差异。

我国目前实行的是统一的金融政策，但是由于各地区的金融与经济发展状况不尽相同，同一政策在各地区的实际效果也会有不同，可能某些地区出现经济过热，而另一些地区经济则进一步下滑，这无疑扩大了各地区之间的金融与经济发展差异。而实行区域差别金融政策，针对不同地区特点实施不同的政策则可避免这一问题，比如在经济较为繁荣的地区（如泉州、福州等地）可以实行信贷紧缩政策，提高贷款标准，给整体经济降温，而在经济落后地区，可以通过降低准备金率及贷款利率下限等方式，增加资金的流动性，促进经济与金融的发展。这样不仅可以使本地大量资金进入金融市场，还可以吸引其他地区的资金，促进资本在各地区之间的流动，缩小各地区金融发展的差异。

（二）加大对发展相对落后地区的扶持

首先，对相对落后地区加大开支，加速完善金融系统建设，促进金融资产流入。相关数据显示，海西经济区同一省内各城市之间财政支出水平相差甚大。在福建省内，福州的财政开支水平约为莆田、宁德等地区的三倍左右；在广东省内部，梅州的财政支出水平最高，而潮州仅为梅州的一半。因此政府应平衡省内各地区财政支出水平，对落后地区采取适当的倾斜政策，加大财政投入，促进金融资源的流入。

其次，在增大投入的同时，还要尽可能地避免资本向外流失，加强对资本外流的监管和预警，当有资本外流的风险时，可以通过大幅提高利率的手段来阻止资本外逃。在扶持欠发达地区的同时，也不能忽视发达地区，二者需要兼顾。根据辐射带动效应，发达城市的快速发展会带动其周边中小城市的共同进步，促进它们的金融发展。

最后，政府可以采取一些鼓励和优惠政策，鼓励金融机构向欠发达地区的普及，建立起良好的金融环境和运行机制，促进这类地区金融体系的完善。

（三）提高相对落后地区的社会发展程度

首先，提高落后地区科技、教育水平，有利于金融知识的普及，提高人们对金融的认知与接受程度。认知程度主要是指对金融的认识和接受程度。一般来说，金融发展程度较低的地区，其社会发展程度也普遍较低，金融普及度差，人们的接受水平也相对较低。政府应该加强落后地区的教育，提高人们的教育水平，提高当地企业与个人对于金融的接受程度。

其次，提高社会发展程度有利于提高人们的金融创新能力。科技水平的提高有利于提高金融知识的传播范围，潜在的金融意识也会随之提升，有利于促进金融创新，这对于一个地区的金融发展有着重要的意义。

最后，可以对从业人员进行专业培训，提高专业素养，通过这些专业人员的力量来引导更多的人参与金融市场活动。

(四) 促进区域产业升级

产业升级可以推动金融业内部的调整，促进金融的创新。从微观来看，产业升级是指企业通过技术升级、管理模式改进、企业结构改变、产品质量与生产效率提高、产业链升级等实现整体结构升级。为了适应实体经济的发展需要，金融业也需要进行自身内部的调整与升级，创新金融工具、金融手段，来更好地服务于产业升级，带动金融业的发展。从宏观来看，产业升级还包括国民经济重心由第一产业向第二产业，进而向第三产业的升级。相比于第一产业来说，第二产业与第三产业需要更多的金融服务，需要更多的金融渠道进行融资，金融行业要随之转变促进其发展。鼓励落后地区的产业结构升级，可以带动金融业的创新与结构调整，促进落后地区金融规模的扩大和金融的深化发展，缩小区域间金融差距。

从海西经济区内部来看，江西省与福建省内产业整体发展较为落后，应大力推动江西和福建地区的产业升级。江西地区的支柱产业主要集中于有色金属、电气、机械、医药等行业，可以从这些支柱产业入手，通过产业政策的鼓励和扶持，建立彰显绿色生态优势、高效集群、富有江西特色的产业链条，实现产业结构的优化升级，从而带动金融业的整体发展。另外，江西省服务业较为落后，第三产业比重较低，在保护传统的商贸、餐饮等服务业发展的同时，可着力推进交通运输及仓储业、居民服务业等低层次服务业的发展，推动劳动力向第三产业的转移。福建省内部劳动密集型行业众多，传统产业一般科技含量与产品附加值较低，创新力较弱，缺乏竞争力，对此福建省可加大技术引进力度，提高产业效率，促进产业内部发展，并根据区域比较优势原则，明确各城市的主导产业发展方向，提高整个区域的产业竞争力。

第五章　重庆市区域金融发展与金融资源差异

重庆市位于中国西南腹地，是西南、西北与长江经济带的联结点，具有良好的社会经济基础，是长江上游的经济中心、成渝城市群的核心、“一带一路”建设的重点地区，对中国东西—南北经济与金融均衡发展具有重要作用。

本章主要运用泰尔指数的方法，对重庆市 2008—2017 年各区县金融资源发展的差异性进行研究分析，旨在发现重庆市金融发展中各区域金融资源分布存在的问题，设计解决方案，提出有针对性的政策建议。

第一节　重庆：大西部与长江上游区域的重镇

改革开放以来，中国的经济发展迅猛，已经成为世界第二大经济体，但也存在一些问题，其中较为突出的是区域金融资源分布差异较大。其原因在于，大型金融机构和国有企业大都集中在各省市的中心城市，而在其他地区金融资源不足、金融机构缺乏、银行存贷款规模受限。

金融发展的差异是一个国家发展中必然经历的过程，一定的金融差异是金融分工的产物，能促进一个区域的金融发展，但是如果金融差异过大，就会产生负面的后果。

随着“一带一路”建设的推进及成渝城市群发展规划的提出，重庆作为“一带一路”与长江经济带的联结点、长江上游的经济中心，起着不可忽视的重要作用。近年来，重庆发展迅速，2008—2017 年，重庆市的地区生产总值从 5 829 亿元增长到 19 500 亿元，增长了 2. 35 倍，地区生产总值的增速保持在 10%以上，常年位于中国各省市的前列，并且在 2018 年成为继上海、北京、深圳和广州之后，中国地区生产总值进入 2 万亿元的城市。但是，2018

年重庆的地区生产总值增速按照同比价格计算只有6%，这是重庆自直辖以来地区生产总值增速的最低纪录，反映出重庆发展之中存在的金融问题。因此，进行重庆市各区县金融资源差异化研究具有重要的现实意义，也有利于推动重庆市未来的发展。

本章内容安排如下：①运用泰尔指数进行模型设计以及数据来源（第二节）；②基于泰尔指数进行实证分析以及成因分析（第三、四节）；③研究结果以及政策建议（第五节）。

第二节　数据选取及金融差异的度量方法

一、数据选取

本章选取重庆市辖区内38个区县（26个区、8个县、4个自治县）作为区域研究对象，选取各区县2008—2017年的地区生产总值（GDP）、户籍统计人口总数、金融机构人民币存款余额和金融机构人民币贷款余额等数据来反映重庆市各区域的金融资源分布，并以泰尔指数分析金融资源分布中存在的差异性。依据《重庆统计年鉴2018》的划分，本章将38个区县分为四个片区：主城片区、渝西片区、渝东北片区和渝东南片区。其中："主城片区"包括巴南区、渝北区、渝中区、沙坪坝区、江北区、九龙坡区、大渡口区、南岸区、北碚区，即主城九区；"渝西片区"包括合川区、涪陵区、江津区、永川区、璧山区、长寿区、南川区、綦江区、铜梁区、大足区、潼南区和荣昌区；"渝东北片区"包括万州区、开州区、梁平区、忠县、城口县、云阳县、奉节县、巫山县、丰都县、垫江县和巫溪县；"渝东南片区"包括石柱土家族自治县、黔江区、武隆区、秀山土家族苗族自治县、酉阳土家族苗族自治县和彭水苗族土家族自治县。

本章数据主要来自《重庆统计年鉴》（2009—2018年）以及重庆市各区县统计年鉴，由于重庆市在2011年将万盛区和綦江县合并为綦江区，双桥区和大足县合并为大足区，本章对于此类区县2007—2011年的数据进行了合并处理，对各区县的划分按照2018年年鉴的规划进行了统一，2017年各区县的 GDP 和人均 GDP 数据均为年鉴地区生产总值指数（可比价）计算得到。

二、泰尔指数模型

泰尔指数是一个衡量经济不平等的统计量，也可用于衡量其他社会不公平现象，本章用泰尔指数来衡量区域金融资源分布的差异性。泰尔指数数值越大，金融资源分布差异性越大，反之亦然。本章以 GDP 作为权数，来衡量各区县金融资源（人口、金融机构人民币存款余额和金融机构人民币贷款余额）规模分布差异性。重庆市四个区域的泰尔指数值为：

$$T_i = \sum_{j=1}^{N_i} \frac{Y_{ij}}{Y_i} \times \ln\left(\frac{Y_{ij}/Y_i}{Z_{ij}/Z_i}\right) \tag{5-1}$$

式 5-1 中，T_i 表示各区域的泰尔指数值，其中 i 取值为 1、2、3、4，分别表示渝中、渝西、渝东北和渝东南片区，Y_i 表示第 i 个片区的 GDP 总量，Y_{ij} 表示第 i 片区第 j 区县的 GDP 总量，Z_i 表示第 i 片区的各项金融资源数量，Z_{ij} 表示第 i 片区第 j 区县的金融资源数量。

同时，泰尔指数可以分解为区域间差异（T_{BR}）和区域内差异（T_{WR}），在此分解情况下，总体差异 T 就等于区域间差异与区域内差异之和，即：

$$T = T_{BR} + T_{WR} \tag{5-2}$$

式 5-2 中，区域间差异（T_{BR}）和区域内差异（T_{WR}）计算如下：

$$T_{BR} = \sum_{i=1}^{4} \frac{Y_i}{Y} \times \ln\left(\frac{Y_i/Y}{Z_i/Z}\right) \tag{5-3}$$

$$T_{WR} = \sum_{i=1}^{4} \frac{Y_i}{Y} \times T_i \tag{5-4}$$

式 5-3 中，Z 表示重庆市金融资源总量，式 5-3 和式 5-4 中的 Y 表示重庆市 GDP 总量。

第三节　重庆市区域金融资源差异实证分析

一、重庆市金融发展与差异分析

图 5-1 为重庆市 2008—2017 年 GDP 和人均 GDP 的增长趋势图，可以看出，重庆市十年间 GDP 的年增速均为 10%以上，但是 2017 年和 2018 年重庆市的 GDP 增速首次跌至 10%以下，反映出重庆市的传统行业已经出现发展疲软的状况。2017 年重庆的工业增长值仅为 2%，汽车制造业和电子信息业表现不佳，这表明重庆市传统行业出现产能过剩的问题，其行业竞争压力大，而高新技术行业需要进行研发和创新，以保持经济的快速增长。在金融资源方面，重庆市整体形势比较好，金融机构人民币存款余额每年的可比值增长从刚开始的 30%逐渐放缓至 8%，金融机构人民币贷款余额每年的可比值增长从刚开始的 35%逐渐放缓至 12%，如图 5-2 所示。这表明重庆市整体的金融发展形势较好，正从高速度发展转变为高质量发展。

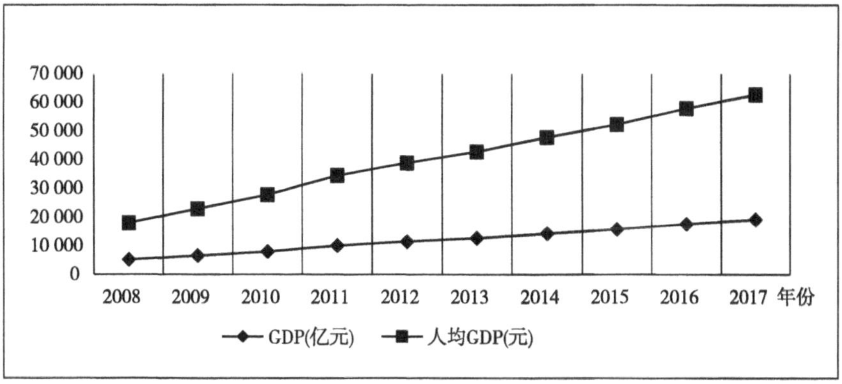

图 5-1　重庆市 2008—2017 年 GDP 和人均 GDP 增长趋势

尽管重庆市整体金融发展形势较好，但是不能忽视各区县之间金融发展存在的差异性。表 5-1 为 2008—2017 年重庆市各区县人均 GDP 极差变化统计表，可以看出，尽管重庆市整体发展迅速，但是在各区县之间的差异在增大。

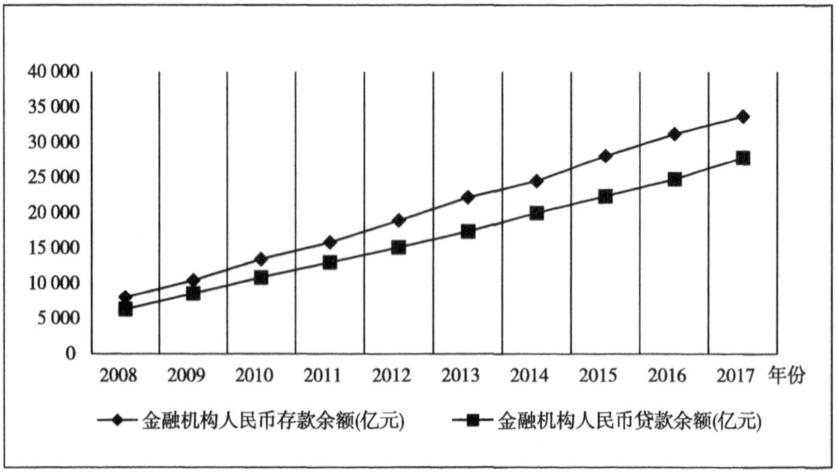

图 5-2 重庆市 2008—2017 年金融机构人民币存贷款余额增长趋势

人均 GDP 最高的地区从 2009 年开始就一直是渝中区，这与渝中区作为重庆市政治、经济、文化以及商贸流通中心的地位是息息相关的，而人均 GDP 最低的地区一直是巫溪县，巫溪县位于重庆市最东北，尽管拥有优美的自然风光，但由于交通、资源和人口等原因，发展一直滞后。此消彼长下，两者之间的差异越来越大，而这也是重庆市政府需要注意的问题。在巫溪县，金融资源极其匮乏，金融机构的人民币存款余额直至 2014 年才到 100 亿元，而金融机构人民币贷款余额直到 2018 年也没有超过 100 亿元，直至 2017 年底，全县规模以上工业企业（年主营业务收入 2 000 万元以上）仅有 17 户。美国经济学家格利和爱德华·肖提出的金融抑制理论表明：经济的发展和金融的发展之间存在着相互促进和相互制约的关系，金融发展的不平衡会抑制该地区的经济发展，这种情况在发展中国家极为普遍。正是因为金融和经济之间存这种关系，所以重庆市在整体发展过程中，不能忽视金融资源分布上的差异性，需要适当调整金融资源的分配，否则这种差异性会使区县与区县之间的经济差距不断扩大。

表 5-1　重庆市 2008—2017 年人均 GDP 最大值、最小值和极差统计表

年份	最大值	最小值	极差
2008	52 577	5 374	47 203
2009	65 505	7 056	58 449
2010	87 435	8 811	78 624
2011	104 844	11 484	93 360
2012	118 921	13 055	105 866
2013	123 771	15 018	108 753
2014	133 588	16 889	116 699
2015	147 423	18 741	128 682
2016	160 743	21 120	139 623
2017	167 815	21 795	146 020

二、基于泰尔指数的研究结果

（一）金融资源分布的差异性在区域内和区域间的研究结果

依据上述泰尔指数的计算公式可以得到 2008—2017 年重庆市金融资源空间分布的总差异、区域间差异和区域内差异。变动趋势见图 5-3。

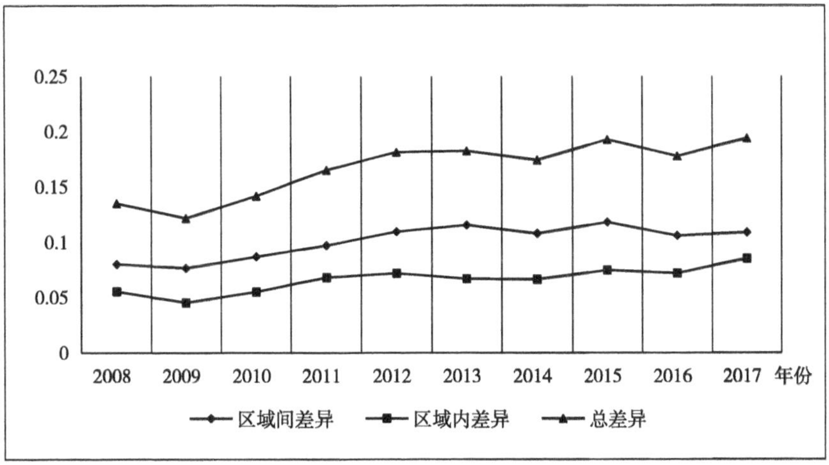

图 5-3　基于人口的金融资源空间分布总差异、区间差异和区内差异对比

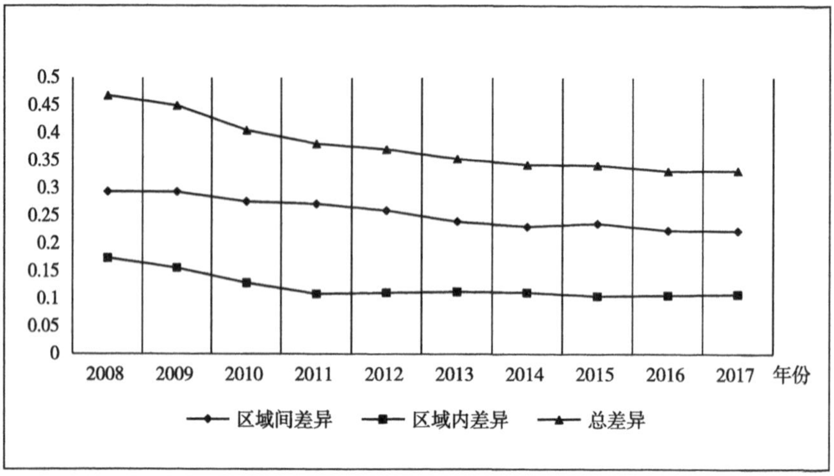

图 5-4　基于金融机构人民币存款余额的金融资源空间分布总差异、区间差异和区内差异对比

由图 5-3 及图 5-4 可以看出，在人口和金融机构人民币贷款余额方面，无论是总差异、区域间差异还是区域内差异，都在缩小，这表明重庆市政府近十年的经济策略还是较为有效的，总体差异性都在呈现出逐年缩小的态势，这对重庆市未来的经济策略有一定的借鉴作用。但齐美东和张思佳（2015）的研究发现，全国的泰尔指数值没有超过 0.2，而重庆市的泰尔指数值几乎都在 0.2 以上，这表明重庆市在区域金融资源差异性控制上的努力还不够，需要进一步通过一系列举措进行调控。三项资源中，在金融机构人民币存款余额方面，总差异、区域间差异和区域内差异都在不断同向波动，并且呈现出缓慢上升的趋势。这表明在金融机构人民币存款余额方面，其资源分布差异仍然在扩大，这种差异的扩大说明重庆市金融机构人民币存款余额在各区县的分配差异性日益扩大，为此，重庆市政府必须采取相应的措施改变这种趋势。

表 5-2 表示在三种资源的区域间差异和区域内差异对总差异的贡献率，可以看出，无论哪一种金融资源的分布，其差异性都主要是由区域间差异贡献的。这表明金融差异不论在国家层面还是各地区县层面都是一致的，其主要差异来自区域间差异，而发展状况相似的区域，其区域内差异并不会太大。

这与重庆市几大片区划分以及环境、人口、地域等情况的相似性有关，但是对于区域间存在的差异性，重庆市政府应该加强各片区之间的金融联动，不能单一片区独立发展，只考虑片区自身，不考虑各区之间的联动，各个片区可以通过相关金融资源的联动，达到优势互补、互利共赢，以减少金融资源在区域间的差异性。

表 5-2　重庆市 2008—2017 年金融资源差异中区域间差异和区域内差异的贡献率

年份	人口		人民币存款余额		人民币贷款余额	
	区域间	区域内	区域间	区域内	区域间	区域内
2008	80.17%	19.83%	59.12%	40.88%	62.79%	37.21%
2009	78.03%	21.97%	62.78%	37.22%	65.23%	34.77%
2010	76.61%	23.39%	61.16%	38.84%	68.11%	31.89%
2011	76.71%	23.29%	58.82%	41.18%	71.36%	28.64%
2012	75.99%	24.01%	60.46%	39.54%	70.04%	29.96%
2013	76.59%	23.41%	63.35%	36.65%	67.95%	32.05%
2014	76.90%	23.10%	61.99%	38.01%	67.37%	32.63%
2015	75.51%	24.49%	61.30%	38.70%	69.19%	30.81%
2016	75.56%	24.44%	59.63%	40.37%	67.71%	32.29%
2017	74.75%	25.25%	56.18%	43.82%	67.29%	32.71%

（二）金融资源分布的差异性在各片区的分解研究

通过四个片区的泰尔指数分解，可以得到渝中、渝西、渝东南和渝东北四个片区内部的各金融资源分布差异性的情况。由图 5-6 金融资源空间分布差异的泰尔指数变动趋势图可以看出，在金融机构人民币贷款余额方面，渝西和渝东北片区的金融资源分布差异几乎一致，且其金融资源分布差异较小，这与渝西和渝东北片区的内部资源和发展相似性有关。渝东南片区 2015 年以前的泰尔指数的值略高于前两个片区，但是差距在逐渐缩小，并且从 2015 年开始，其泰尔指数的值已经和渝西和渝东北片区相一致，并且在 2017 年首次为四个片区中最低。这表明渝东南片区金融资源的差异性在显著下降，各区县之间的金融资源差异性很低，其各区县之间的资源联动较为完善。在四个片区中差距最为明显的是主城片区，一些年份其泰尔指数甚至高达其余片区的十倍以上。这表明尽管主城片区九个区地理位置相邻，并且处在重庆市的中心地带，拥有经济和金融发展的独特优势，但是因为发展中存在的问题，导致其区域内部的金融资源分布极其不平衡，差异悬殊。主城片区独占了重庆市70%以上的贷款资源，但是分布极不合理，金融资源的利用率较低，尽管在2011年之前主城片区的泰尔指数出现了连续下降，但在之后的几年均维持在一个较高的水平，且没有下降的趋势。这表明尽管2011年之后主城片区的金融资源差异性得到了一定的控制，但是并没有到达减少差异性的程度，主城片区各区域之间的区域联动还有待加强，政府可以进行适当干预以减小主城片区的金融资源差异性。

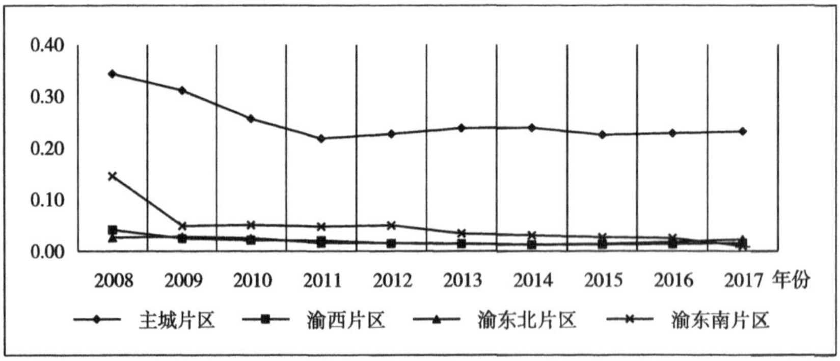

图5-6 基于金融机构人民币贷款余额的金融资源空间分布差异的泰尔指数变动趋势图

图5-7为金融资源空间分布差异的泰尔指数变动趋势图，可以看出，在人口资源方面，渝西片区的泰尔指数在2010年之前一直在四个片区中最低，在2011—2014年高于主城片区的泰尔指数值，在这几年间渝西片区和主城片区的泰尔指数都存在着上下波动的趋势，直到2015年两个片区的泰尔指数趋于稳定，并且达到相同水平，同时都处在各片区的最低水平。渝东南片区的泰尔指数值略高于上述两个片区，并且一直保持在一个较为稳定的水平上。这和渝东南片区的地理特点有关。渝东南片区分布有重庆市的几个贫困县，存在着缺少人才的情况，外出务工人员也较多，人口方面变动不明显。渝东

北片区的泰尔指数明显高于其余三个片区，并且在2010年之前一直呈现上升趋势，在2010年达到最高值，渝东北片区和渝西片区人口相差不多，但是其GDP仅为渝西片区的一半，这与渝东北片区的人口变动有关。其主要原因是直到2010年重庆市三峡移民搬迁安置工作才全面完成，而搬迁地点正是渝东北片区中心城市万州，由于三峡移民的流入，其内部的金融资源分配出现了一些不可控的变化，其人口资源过于集中在万州及其周边几个区县，致使2010年之前的金融资源分布差异逐年上升。而在搬迁完成之后，万州日益成为渝东北、川东、鄂西、陕南、黔东、湘西的物资集散地和成渝城市群沿江城市带区域的中心城市，且由于移民搬迁的原因，其内部的区域联动较为明显，万州成功地带动周边城市发展，使渝东北片区的泰尔指数从2010年开始逐渐减小。这表明渝东北片区的金融资源差异性问题得到了一定程度上的解决，政府的经济金融策略取得了一定的效果。

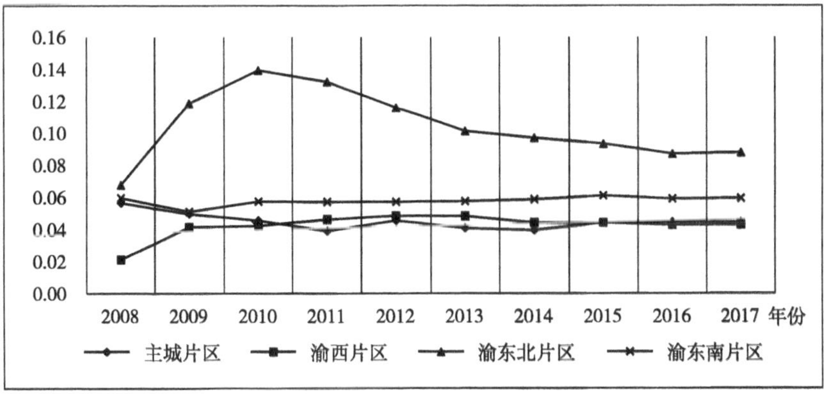

图5-7　基于人口的金融资源空间分布差异的泰尔指数变动趋势图

图5-8为金融资源空间分布差异的泰尔指数变动趋势图，可以看出，在金融机构人民币存款余额方面，渝西、渝东北和渝东南三个片区的泰尔指数存在这一定的波动，但是并没有出现特别大的差异。这表明，渝西、渝东北和渝东南三个片区在金融机构人民币存款余额方面并没有特别大的差异性，这与人民币存款过于集中在主城片区有关。而主城片区的泰尔指数远远高于其余三个片区，其泰尔指数只在2009年出现过一次明显下降，

从整体上看，其泰尔指数上下波动，呈现出上升的趋势。这主要是因为主城片区拥有全市60%以上的存款资源，但是由于各区内部发展不平衡，其中九龙坡区和巴南区一直处于泰尔指数正值贡献率的前两位，拥有较高的GDP总量，但是其金融机构人民币存款资源却较少，导致了一种恶性循环。其存款资源增长受到了抑制，政府应该引入一部分资金以改变这种日益扩大的资源差异性，加强各区域之间的金融资源流动，提高主城片区的金融资源利用效率。

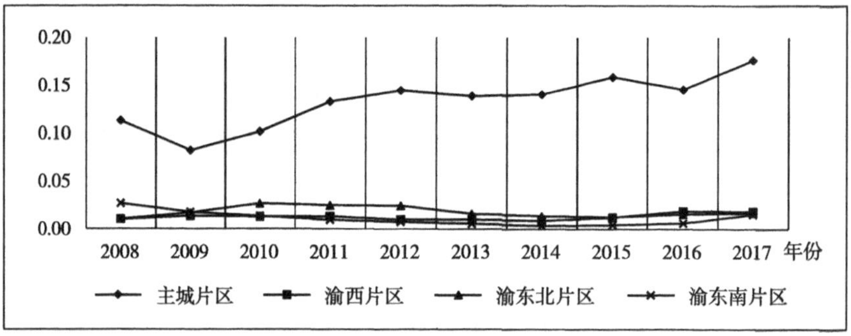

图 5-8 基于金融机构人民币存款余额的金融资源空间分布差异的泰尔指数变动趋势图

第四节 重庆市区域金融资源差异成因分析

重庆市作为中国占地面积最大、人口最多的直辖市，其区域间和城乡间的自然条件、资源禀赋、历史人文因素以及发展潜力各不相同，四个片区各自发展过程中的功能也不相同，这是导致重庆区域金融资源差异的重要原因。

一、主城片区分析

主城片区包含主城九区在内，主要体现政治、经济、文化、科技和教育中心功能，发展对外贸易，积极进行金融创新，引入现代化服务体系，展现历史文化气息、美丽自然风光、适宜人口居住的现代化大都市风貌，目标是建成高端要素集聚、辐射作用强大、具有全国性影响的大都市中心区。但是因为主城片区的地域过于广大，北碚、巴南以及渝北边缘地区不可避免地会出现金融发展相对滞后的情况，并且远离重庆的经济金融中心，基础设施相对不够发达，只能作为城市的边缘区域，保证中心城市周边的生态环境。同时，由于这一部分主要以先进制造业为发展目标，而城市中心区域进行产业结构调整，工业比重下降，服务业比重开始逐渐上升。因此，其金融资源的分配开始出现差异，并且存贷款规模相差也较大，致使主城片区的金融资源差异性明显。

二、渝西片区分析

渝西片区作为重庆市未来十年城镇化和现代化的“示范田”，是工业化的代表地区，是集聚人口和发展新兴产业的重要区域，现在以及未来都将是重庆市重要的制造业基地，现拥有全市近38%的人口，达到1 247万人，主要发展工业经济，努力实现城乡统筹发展，充分利用山川河水的自然优势，实现组团式、网络化、人与自然和谐共生的产业集聚区域。因为这种联动关系的存在，渝西片区内部各区县之间在金融机构人民币存贷款等金融资源方面并不存在太大的差异，通过协同发展，各区县之间的金融资源调配将更加合理，在金融资源分布的差异性上表现不明显。

三、渝东北片区分析

渝东北片区为国家重点生态功能区和农产品生产区，位于长江流域，在2010年接收完三峡移民之后，巫山巫溪出现贫困区域带，扶贫难度也有所加重。由于区域政策原因，渝东北片区的发展主要以生态文明建设为中心，其森林覆盖率极高，人口也较多，因此在人口资源这一条件下的泰尔指数极高，地区差异较大。但是渝东北片区的大部分金融发展集中在万州附近区域，在其他区域人文地理环境方面差异较小，金融机构的发展也存在困难的相似，因此在金融机构存贷款方面的差异较小。

四、渝东南片区分析

渝东南片区同样为国家重点生态保护区，并且是国家生物多样性保护区。

渝东南片区集中了重庆市所有的少数民族自治县，重点建设生态民俗和少数民族文化旅游地带，为重庆市的少数民族提供集聚地。在政府的发展规划上，该其片区主要以生态文明建设为中心，同时加强扶贫开发，推进少数民族与汉族的融合。相对其他三个片区而言，渝东南片区地广人稀，有多个市级贫困区县，所以周边金融发展水平不高，其内部金融资源分布差异也较小。

通过对重庆市四个片区的基本描述，我们可以发现：重庆主城片区作为城市的中心地带，其金融资源分布的差异性最大，较多的资源集中在几个优先发展的区，比如渝中区、沙坪坝区和江北区，其边缘地带资源较少。对此，政府应该加强金融资源的调配，并进一步推动主城片区的金融联动。相比较而言，其余三个片区内部金融资源分布的差异性较小，这和其片区内部各区县发展的相似性是相关联的。

在泰尔指数总体差异分解为区域间差异和区域内差异的过程中可以发现，对于金融资源而言，其贡献率最高的还是区域间差异，因此对于各片区之间的差异的分析也极其重要。在四个片区中，各自的产业发展中心不一样，主城片区是其中最先发展的片区，重庆主城片区的软件业、电子信息行业以及汽车制造业在发展中的作用日益重要。近年来，抖音等各种社交软件的兴起使得重庆市成为新晋的网红城市，吸引了来自全国乃至全世界的游客来参观游玩，这些发展主要集中在主城片区，导致主城片区金融资源差异性并没有产生明显的变化。随着科技的进步和中国基建能力的稳步提升，重庆市各区县开始陆续接通高铁、动车等，各区县之间的联系更加紧密，伴随成渝城市群规划和“一带一路”建设的稳步进行，各区县之间的金融交流开始愈加频繁，各片区之间的金融资源的差异性开始逐渐减小。

第五节　研究结论和政策建议

一、研究结论

第一，2008—2017 年的重庆市各区县人均 GDP 在极差上呈现出日益扩大的趋势。这表明区县经济发展两极分化严重。这导致了金融资源分布差异性。

为了打好脱贫攻坚战和缩小贫富差距，重庆市必须注意到这一点。

第二，重庆市金融资源分布的差异主要体现在区域间差异方面。各项金融资源的分布差异性在区域间的差异几乎都占60%以上，但总体而言，重庆市金融资源分布差异在总差异、区域间差异和区域内差异都呈现逐渐缩小的趋势。

第三，在金融资源分布差异上，主城片区的金融差异性相比其余三个片区，差异非常明显。

二、政策建议

（一）适时调整金融资源分布，优化金融资源配置

政府不能忽视市场的作用，市场在资源配置中应起到决定性的作用，在金融市场上也是一样的。市场将金融资源在全社会范围内进行高效率的调配，资源由盈余企业转向赤字企业，并且在利益的驱使下，金融资源流向能够产生最大利益的区域，同时通过调节经济活动来影响人们对金融资源的利用。因此，为了充分发挥市场的作用，必须给予市场一定的独立性，可以尝试逐渐放松金融体制的监管，适当降低金融机构的准入门槛，同时加强金融创新，在互联网+时代，跟随时代的脚步进入金融科技（Fintech）阶段。但不能一味依赖市场的作用，避免出现两极分化。为了应对这种资源差异性所带来的金融和经济的差距，政府可以在适当的时候对金融资源进行合理调配，以此缩小各区域之间的金融差异。金融资源的配置要注意适度原则，金融和经济资源的不匹配可能导致金融抑制，不利于地区金融和经济的发展。重庆市应注意东部、中部和西部之间的金融资源的差异性，在金融机构人民币存款余额和贷款余额两项金融资源上，重庆市的中部（包括主城片区）各拥有全市64%和74%左右的资源，而地域面积和人口最多的东部（包括渝东南片区和渝东北片区）这两项金融资源的占有量分别不足17%和12%。对此，政府可以适当向渝东南片区和渝东北片区引入投资，增加金融资源的流入，促进东部区域金融的发展，以万州为中心向周边发展，同时注意各区域之间的联动，加强区县和区县之间的合作，避免出现发展差异过大的情况。

（二）推动各区域特色产业的发展，提升区域自身的竞争力

在中部区域即主城九区，重庆市在很多金融领域已经超过了部分沿海城市，对全市的GDP贡献率高达47%，主城九区应该发挥带动作用，同西部区域共建重庆大都市发展区。适当调整土地空间结构和产业结构，适度扩大服务业、制造业的发展空间，并加强对高新技术产业的研发投入，加速推动科技体制改革，建立以企业为主体、市场为导向、产学研深度融合的技术创新体系。加快推动区域城市化进程，发挥中心城市的带动作用，加强中心城市和中小城市之间的协同作用，取长补短，形成具有现代特色的城市群。同时，推动产业发展，大力发展先进制造业，形成具有规模的产业园区，促进产业集聚和人口集聚，促使中西部地区由高速发展转变为高质量发展。在东部地区，大力发展优质现代化农业、特色产业以及相关的服务业，完善重庆市民族地区文化创意旅游的发展，注重环境治理，治理保护长江、乌江流域的生态，同时也要保证少数民族地区的民风民俗不受影响，实现其文化旅游产业的可持续发展，进一步推动高铁线路建设，以此促进外来旅游，带动区域经济发展，发展田园生态旅游、村落民居旅游以及民俗风情旅游等特色旅游。对于东部地区存在的贫困问题，增强扶贫的深度、力度和广度，提升各区县的公共服务水平，改善人们的生活。

（三）推动金融体系的创新，鼓励金融机构在东部区域发展

金融行业对于经济发展起着至关重要的作用，金融业对重庆市地区生产总值的贡献率逐年提高，对全市经济的发展起着带动作用，重庆市金融行业从业人员也在逐年增加。重庆市金融发展的中心主要在中西部地区，政府应该努力推动金融体系的创新，健全现代化金融监管机制，逐渐完善普及征信系统，为重庆市的金融发展提供良好的金融环境。对于东部欠发达地区，鼓励重庆市金融机构向外延伸，降低民营银行和其他金融机构的准入门槛，促进金融资源在东西部地区的再分配。针对农村地区的金融需求，针对抵押物和担保少等特点进行金融创新，发展农村金融产品，主要推动小额贷款的发展，让有需要的农民可以得到基本的初始资金。在农产品保障方面，可以引入农产品期货和农产品保险等，保障农民的基本收入，促进农村农业的现代化发展。

第六章　广西区域金融发展与金融资源差异

近年来，受西部大开发战略、北部湾经济区发展规划、“一带一路”倡议等重大利好的影响，广西壮族自治区全区经济与金融发展水平迅速提高，但其经济与金融差异也随之扩大，这在很大程度上影响了广西经济进一步发展，突出表现为其经济增速自2010年起逐年有所降低。

本章着重探讨广西区域金融发展与金融资源差异问题。首先，从区域金融角度出发，根据广西全区2008—2017年的历史数据，将全区按照区位特征分为三个区域，通过极差、标准差的计算和泰尔指数的构建与分解，从绝对与相对角度对广西区域金融发展差异性的现状进行实证研究。其次，重点对泰尔指数进行构建与分解，分析三个区域金融发展水平的总体差异、组间差异与组内差异，并通过对贡献率的计算得出组间、组内与单个区域内部差异对总体差异的影响程度，然后定性分析区域金融差异化的原因。最后，根据实证研究结果，提出优化广西区域金融资源，促进经济协调发展的相关建议。

第一节　广西：北部湾经济区核心与西部重镇

广西（即广西壮族自治区）东连广东，西连云南，为东西部区域的结合点，地处发达地区与欠发达地区的分界，西南与越南接壤，连通东南亚，南临北部湾。近年来，随着经济全球化、西部大开发战略、兴边富民行动、北部湾经济区发展规划以及“一带一路”倡议等一系列重大战略的实施，广西发挥关键作用，其重要战略地位为国家所重视，并得到诸多政策支持。

近年来，广西地区生产总值由2008年的7 021亿元增加到2018年20 352.5亿元，经济发展水平位居西部12省区前列。同时，南宁、北海、钦州、防城港四市凭借其沿海区位优势，于2008年被划为北部湾经济区，这是我国首个国际性区域经济合作区，是面向东盟国家开放合作的重点地区，也是“一带一路”建设的一个突破口。北部湾经济区的高速发展与广西自身的区域发展，乃至国家的整体发展具有紧密的联系，具有至关重要的战略意义。

然而，其他地区受到地理位置的限制，尽管拥有丰富的自然资源与人文景观，但其经济发展水平与北部湾经济区相比差异已愈加明显。经济发展的区域差异十分不利于资源的合理配置与广西全区的可持续发展，同时区域经济发展差异过大会导致区域金融资源差异过大，甚至导致金融发展失衡。

这种差异与失衡已经有所体现：广西 GDP 增速自 2010 年起从 14.2%持续下降，经济增速始终处于西部地区后位，2018 年较上年仅增长 6.8%，大幅低于贵州、云南、四川等周边邻近省份。我们认为：广西在西部新一轮加速发展中后劲不足的原因，在很大程度上源于金融资源差异过大和金融发展失衡。

因此，我们从区域金融角度出发，根据广西全区金融资源总量差异，分析全区金融发展水平并对比各区域之间的差异，探索导致差异性的原因，力求探究广西金融发展差异对其经济发展差异的影响，并提出促进广西金融行业发展以及协调广西全区经济发展的政策建议。本章具体内容包括：数据选取和金融资源差异测算方法（第二节）；广西区域金融资源差异及其分析（第三节），这也是本章的重点部分，从绝对差异（极差和标准差）和相对差异（泰尔指数）两方面，并根据泰尔指数、泰尔指数贡献率等金融指标将广西分为三个区域，进行金融发展差异化的实证研究；广西区域金融资源差异原因分析（定性与理论分析）（第四节）；结论及政策建议（第五节）。

现有研究文献主要集中于全国各经济区域、省级行政区金融发展差异化，其中对长三角、珠三角的研究占大部分，主要是省级层面研究，而针对广西区域金融发展差异的研究还很少。我们的研究专注广西区域金融资源差异分析，并将研究下沉至地级市，力求得出“接地气”的研究成果。这也是本章研究的价值所在。

第二节　数据选取和金融资源差异测算方法

一、数据选取

（一）区域选取与划分

本章将广西壮族自治区内14个地级市按照其区位优势特征、资源分布条件、经济发展状况，划分为北部湾经济区、桂西资源富集区及西江经济带三个区域。其中，北部湾经济区包括南宁、北海、钦州、防城港四市，桂西资源富集区包括百色、河池、崇左三市，其余柳州、桂林、梧州、贵港、玉林、贺州、来宾七市则纳入西江经济带。

北部湾经济区地处我国西南沿海，于2008年划为我国首个国际性区域经济合作区，得到国家保税物流、金融改革、开放合作等方面政策的大力支持，经济发展水平与速度一直领先全区。桂西资源富集区地处广西西部，为少数民族的主要聚居地区，同时拥有十分丰富的自然资源，因此资源型产业发展迅速，其中有色金属产业占比最大。但其资源优势还未得到良好利用，有待转化为经济优势，因此仍为欠发达地区，且与区内其他地区的差距仍在扩大。西江属珠江水系，上接云贵，纵横广西，东连粤港澳，是国家内河水运规划的重要一环，其广西地区内流域称为西江经济带，是连接上游桂西资源富集地区和下游珠三角发达地区的黄金地区，区位条件优越，地缘优势及产业聚集优势等使其具有很大发展潜力。

（二）金融资源的数据

考虑到广西金融机构主体为银行业，区内主要金融资产集中在商业银行，而商业银行的主要业务为存贷款业务，并且我们最小研究单位为地级市，因此取2008—2017年的广西区域（省级和地级）金融机构存贷款余额，作为衡量广西金融资源总量指标。本章的原始数据均选取自2009年至2018年的《广西统计年鉴》。

二、金融资源差异测算方法

本章采取两种方法，从绝对差异与相对差异两方面选取指标衡量广西金融发展的差异性：①选取极差与标准差衡量绝对差异；②以金融机构存贷款余额为权数计算泰尔指数，衡量组内与组间的相对差异。后者为研究重点，根据泰尔指数、泰尔指数贡献率等金融指标将广西分为三个区域进行金融发展差异化的实证研究。

（一）绝对差异

1. 极差（R）

极差又称范围误差，为一组数据的最大值减最小值所得，是评价一组数据离散度最简单的方法，反映金融资源存量的最极端差异，其计算公式为：

$$R = Z_{max} - Z_{min} \tag{6-1}$$

其中，Z_{max} 表示 14 个地级市的金融机构存贷款总量中的最大值，Z_{min} 表示 14 个地级市的金融机构存贷款总量中的最小值。

2. 标准差（σ）

标准差又称均方差，是方差的算术平方根，可反映金融资源存量的离散程度，其计算公式为：

$$\sigma = \sqrt{\frac{1}{N}\sum_{i=1}^{N}(Z_i - \bar{Z})^2} \tag{6-2}$$

其中，Z_i 表示第 i 个地级市的金融机构存贷款总量，$\bar{Z}$ 表示 14 个地级市金融机构存贷款总量的当年平均值，N 表示地级市的数量。

（二）相对差异

泰尔指数（T）又称泰尔熵标准，是常用于衡量地区差异性的指标，泰尔指数越大，代表地区差异性越大。与基尼系数、阿特金森指数等其他研究区域金融的指标不同，泰尔指数的可加分解性能将总体差异分解为组内差异和组间差异，不仅能反映不同区域之间与区域内部的金融资源差异，而且还能根据组内差异与组间差异对总体差异的贡献度，更精准地分析出金融发展差异的内在原因。因此，本章选取泰尔指数来研究广西金融资源的相对差异，以各区域的地区生产总值作为权数，来衡量各区域金融资源相对于地区 GDP 的差异性。

首先，设北部湾经济区、桂西资源富集区及西江经济带三个区域的泰尔指数分别由 T_B、T_G、T_X 表示。其计算公式分别为：

$$T_B = \sum_{i=1}^{4}\left(\frac{Y_i}{Y_B}\ln\frac{Y_i/Y_B}{Z_i/Z_B}\right) \tag{6-3}$$

$$T_G = \sum_{i=1}^{3}\left(\frac{Y_i}{Y_G}\ln\frac{Y_i/Y_G}{Z_i/Z_G}\right) \tag{6-4}$$

$$T_X = \sum_{i=1}^{7}\left(\frac{Y_i}{Y_X}\ln\frac{Y_i/Y_X}{Z_i/Z_X}\right) \tag{6-5}$$

其中，Y_B、Y_G、Y_X 分别表示北部湾经济区、桂西资源富集区及西江经济带的当年地区生产总值，Y_i 表示第 i 个地级市的当年地区生产总值，Z_B、Z_G、Z_X 分别表示北部湾经济区、桂西资源富集区及西江经济带的金融机构存贷款总量，Z_i 表示第 i 个地级市的金融机构存贷款总量。

然后，根据泰尔指数的可加分解性，令总体差异为 T，组间差异为 T_{BR}，组内差异为 T_{WR}，可得以下公式：

$$T_{BR} = \frac{Y_B}{Y}\ln\frac{Y_B/Y}{Z_B/Z} + \frac{Y_G}{Y}\ln\frac{Y_G/Y}{Z_G/Z} + \frac{Y_X}{Y}\ln\frac{Y_X/Y}{Z_X/Z} \tag{6-6}$$

$$T_{WR} = \frac{Y_B}{Y} \times T_B + \frac{Y_G}{Y} \times T_G + \frac{Y_X}{Y} \times T_X \tag{6-7}$$

$$T = T_{BR} + T_{WR} \tag{6-8}$$

其中，Y 表示当年广西全区的地区生产总值，Z 表示广西全区的金融机构存贷款总量。

最后，为进一步求证金融发展差异的内在原因，还可求出各级贡献率，分析可得组内、组间与三个地区差异对总体差异的影响程度。T_{BR}/T、T_{WR}/T 分别为组间差异、组内差异对总体差异的贡献率，$\frac{Y_B}{Y}\times\frac{T_B}{T}$、$\frac{Y_G}{Y}\times\frac{T_G}{T}$、$\frac{Y_X}{Y}\times\frac{T_X}{T}$ 分别为北部湾经济区、桂西资源富集区及西江经济带三个地区对总体差异的贡献率。

第三节　广西区域金融资源差异测算与分析

一、绝对差异分析

2008—2017 年广西 14 个地级市金融资源总量的极差与标准差如图 6-1

所示。

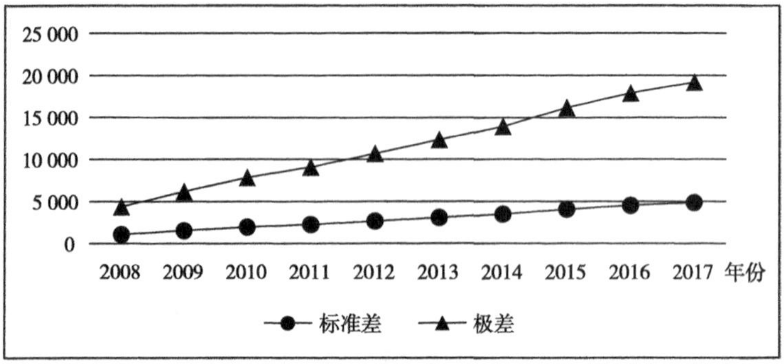

图 6-1　2008—2017 年广西 14 市金融资源分布的标准差与极差

由图 6-1 可以看出，2008—2017 年，广西各市金融资源总量的极差与标准差皆逐年上升，说明广西各市的金融资源差异越来越大，金融发展水平越来越不平衡。推测其原因在于我国 2008 年在广西设立北部湾经济区，这一国际区域经济合作区得到了国家的重点政策支持，东盟博览会每年都会在广西首府南宁召开，并且以此为中心点大力推进与东盟十国进行贸易合作，中国-东盟自由贸易区的建设使我国与东盟十国的战略伙伴关系日益深化。种种原因使得北部湾经济区的部分地级市跨地区交易效率得以提升，同时又大大降低了交易成本，经济发展水平急速提高，贸易所需的金融资源也迅速增加，进而又提高了交易效率。此种循环自然使得北部湾经济区与其他相对远离港口的城市之间出现了愈加明显的金融发展水平失衡。尽管这种金融资源向先发区域聚集的现象反映出划分经济区促经济发展战略的成效，但是随着经济区内金融行业的飞速发展，其与广西其他地区的差异愈加无法忽视。因此，分析并解决广西的金融发展水平失衡问题已是当务之急。

二、相对差异分析

（一）广西金融资源总泰尔指数分析

通过对泰尔指数的计算，求出 2008—2017 年广西金融资源存量的组间差异、组内差异与总体差异，整理为表6-1、图6-2。

表6-1　2008—2017年广西全区金融资源存量的泰尔指数

年份	组间差异 T_{BR}	组内差异 T_{WR}	总体差异 T
2008	0.054 6	0.048 3	0.102 8
2009	0.055 4	0.043 6	0.099 0
2010	0.064 5	0.046 8	0.111 3
2011	0.059 1	0.050 6	0.109 7
2012	0.055 2	0.050 9	0.106 1
2013	0.045 5	0.054 1	0.099 6
2014	0.047 8	0.057 6	0.105 4
2015	0.049 0	0.064 7	0.113 6
2016	0.041 8	0.072 3	0.114 2
2017	0.034 5	0.079 1	0.113 6

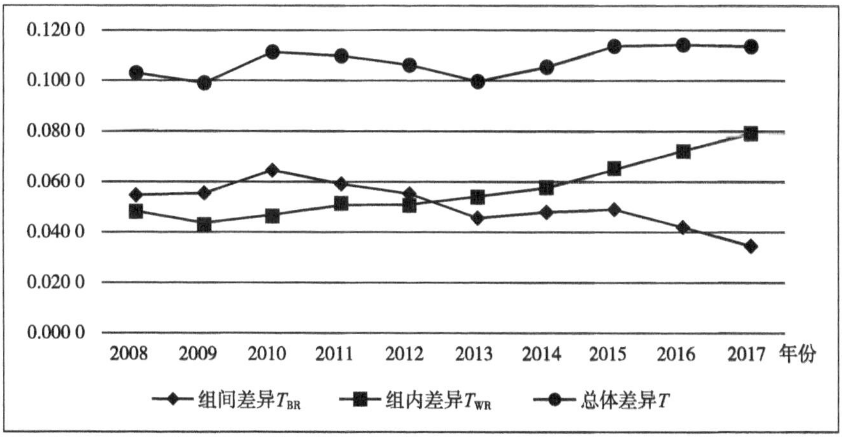

图6-2　广西金融资源存量的组内差异、组间差异及总体差异

由表6-1和图6-2可以看出，广西金融资源存量的总体差异在2008—2017年内趋于稳定，有略微上升趋势，总体泰尔指数在0.10~0.12波动。然而这种稳定只是表面的，三个区域的组间差异总体呈下降趋势，组内差距则与之相反，呈上升趋势。组间的泰尔指数于2010年有了一个超出0.64的小突破，之后逐年下降，于2017年降至0.034 5；组内的泰尔指数2010年前为0.10左右，2017年则上升到了0.113 6。从整体上看，全区的资源存量差异在十年间并无太大变化，但从组内与组间的角度看，实则不然。三个区域之间的差异逐年缩小，三个区域内的分布差异却扩大了，在广西全区整体金融业皆持续发展的前提下，说明三个区域中有某个或某几个地级市的金融资源总量出现了飞涨。至于如何细化到具体地区，则需要进一步分解泰尔指数。

（二）广西三个区域金融资源泰尔指数分析

对泰尔指数分解后可得三个区域的金融资源存量差异状况，整理为表6-2、图6-3。

表6-2　2008—2017年北部湾经济区、桂西资源富集区及西江经济带三地区的泰尔指数

年份	T_B	T_G	T_X
2008	0.129 0	0.003 4	0.012 7
2009	0.105 7	0.010 4	0.015 2
2010	0.117 4	0.007 0	0.015 8
2011	0.129 5	0.010 4	0.013 2
2012	0.129 7	0.015 0	0.010 9
2013	0.136 3	0.016 0	0.011 2
2014	0.147 7	0.013 8	0.009 5
2015	0.163 3	0.015 4	0.010 9
2016	0.178 4	0.019 9	0.012 9
2017	0.184 4	0.025 8	0.018 0

由表6-2及图6-3可知，2008—2017年，北部湾经济区的泰尔指数于2009年有所下跌后，之后九年皆稳步攀升，最低时为0.11左右，于2017年达到了0.184 4的最大值。而桂西资源富集区与西江经济带在十年内都变化不大，都在0.1左右徘徊，在近几年有增加的趋势，突破0.2。这说明北部湾经济区内的首府南宁市与三个沿海城市之间金融发展水平差异越来越大，其余两个地区内的城市金融差异则比较稳定，但金融资源总量也在稳步上升，三

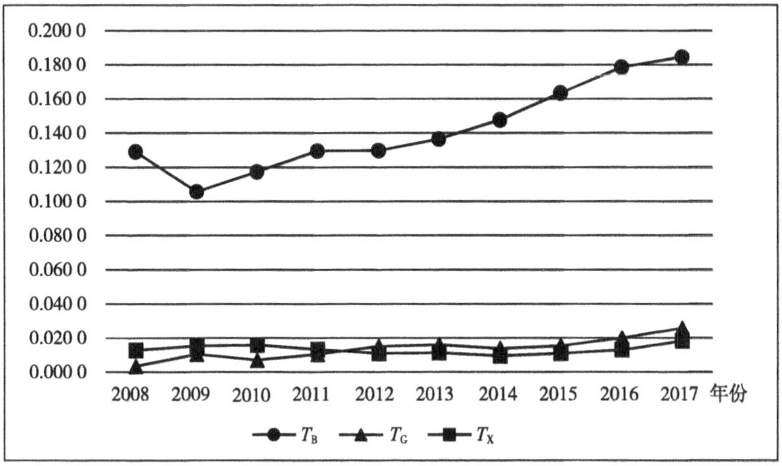

图 6-3　三个地区金融资源存量差异

个区域之间的金融发展差异有所缩小。但随着广西全区经济发展速度的加快，推测桂西资源富集区与西江经济带两地区的泰尔指数也有加大的趋势。总体而言，北部湾经济区的金融发展差异远远大于其他两个地区，更是佐证了之前的绝对分析及以上的整体相对分析，广西全区的金融发展水平还存在极大的不平衡，得到政策鼓励大力发展的北部湾经济区尤为突出。

（三）广西金融发展水平贡献率对比情况分析

根据公式，计算得出组内、组间与三个地区差异对总体差异的贡献率，整理为表 6-3、图 6-4。

表 6-3　2008—2017 年区域差异对总体差异的贡献率

年份	组间贡献率	组内贡献率	贡献率 *B*	贡献率 *G*	贡献率 *X*
2008	53.08%	46.92%	39.84%	0.49%	6.59%
2009	55.96%	44.04%	34.33%	1.54%	8.17%
2010	57.96%	42.04%	33.55%	0.94%	7.55%
2011	53.85%	46.15%	38.40%	1.37%	6.38%
2012	52.05%	47.95%	40.54%	1.96%	5.45%
2013	45.72%	54.28%	46.19%	2.15%	5.94%

续表

年份	组间贡献率	组内贡献率	贡献率 *B*	贡献率 *G*	贡献率 *X*
2014	45.38%	54.62%	48.15%	1.79%	4.68%
2015	43.08%	56.92%	50.15%	1.83%	4.93%
2016	36.64%	63.36%	55.22%	2.41%	5.73%
2017	30.34%	69.66%	58.50%	3.32%	7.84%

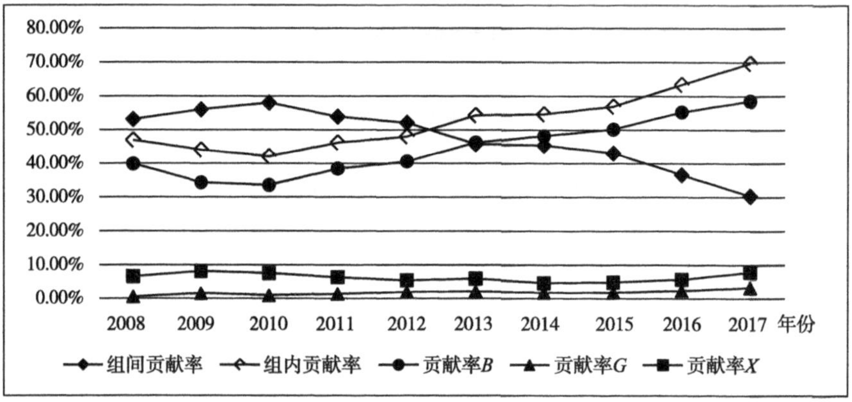

图 6-4 2008—2017 年区域差异对总体差异的贡献率变化趋势

分析表 6-3 与图 6-4 可知，组间差异对总体差异的影响程度逐年降低，组内差异则相反，逐年增加，并于 2017 年达到了将近 70%的贡献率。再看三个区域金融差异对总体差异的影响，北部湾经济区的金融发展差异占总体差异的比重逐年上升，于 2017 年达到了将近 60%的高值，远远高于其他两个地区；西江经济带的贡献率则为 5%~8%；桂西资源富集区的贡献程度几乎可以忽略不计。这说明广西全区金融发展差异大部分还是来自组内差异，尤其是北部湾经济区内部的差异，对总体差异起到了决定性影响。这一结果与以上的分析都是吻合的。

综上所述，我们的分析可以归纳为三点：①广西各市的金融发展水平差异越来越大；②三个区域的组间差异逐年缩小，组内差异逐年扩大，且对总体差异造成绝对影响；③其中北部湾经济区内的金融发展水平差异远远大于其他两个地区，对总体差异也造成了决定性影响。

第四节　广西区域金融资源差异原因分析

广西区域金融资源差异原因可以归纳为以下几个方面。

一、经济发展水平差异

经济发展是金融发展的先决条件，一个区域的经济总量与其金融产业存量密不可分，只有经济发展到一定程度，必要的金融需求由此生发，金融资源才会汇集于此。与此同时，金融资源的大规模流入又对贸易产生刺激，促进经济的进一步发展，形成良性循环。金融发展的区域差异与经济发展的区域差异也有着紧密的联系。不平衡的区域经济发展水平会从多方面影响金融行业的发展水平，金融发展水平也出现区域性差异，这一金融发展不平衡又会反作用于经济，加剧区域经济发展差异，导致良性循环转变为恶性循环。

根据广西的实际情况，被划入北部湾经济区的南宁市，作为广西首府，其人均生产总值多年远超其他地级市，这种经济总量的差异无疑是全区金融存量产生巨大差异的首要原因。此外，尽管钦州、防城港、北海三市为北部湾经济区内的沿海城市，获得一系列政策扶持，但城市规模较小，发展较晚，口岸基础设施较为落后，中小企业利用金融资源的需求与能力受限，周边大西南地区与东盟国家的辐射作用也有限，因此其经济发展水平仍远落后于首府南宁，使得北部湾经济区内部差异愈加扩大。

二、地理区位禀赋差异

地理位置向来是决定一个地区经济发展水平的先决性因素，广西南临北部湾，西北连云贵，向东至广东，由此划分的三个区域区位禀赋各异，给经济与金融带来的影响也有所不同。桂西资源富集区受山地地形影响，自然资源丰富，产业结构首先侧重于农林畜牧业，金融资源存量还较少。西江经济带下接经济发达的珠三角地区，能源、有色金属资源富集，内河港口体系日趋完善，但相比沿海港口体系还是有不小差距。而北部湾经济区的临海条件与首府优势自然会吸引进出口贸易，刺激金融资源的聚集。随着广西全区经济水平的不断发展，金融资源存量持续增加，区域之间的金融发展差异有望日益缩小。

三、政府政策支持差异

纵观历史，广西现阶段的经济增长很大一部分受益于政府的战略指导与政策支持，其中北部湾经济区的飞速发展更是与之息息相关。经济区内，南宁市发挥全区首府的中心作用，大力发展中国与东盟的区域性国际化合作，钦州、防城港、北海等沿海城市，积极发展港口物流、滨海旅游业。此外，国家给广西提供可免征地方部分企业所得税的税收支持，在北部湾经济区设立一系列保税区，更深入地支持港口对外贸易的保税物流功能。国家还支持设立了地方性银行，即北部湾银行，为地区产业投资基金和创业投资企业提供更多融资便利，持续深化投融资体制改革，这无疑将直接增加北部湾经济区的金融资源总量，加速经济区金融行业发展。

第五节　研究结论和政策建议

一、研究结论

第一，2008—2017 年，从绝对角度看，广西 14 个地级市金融资源存量差异逐年增大，且有愈加不平衡的趋势。

第二，从相对角度看，广西全区金融发展总体差异有轻微扩大趋势但变化不大，将总体差异按照三个区域进行分解后，三个区域之间的差异逐年缩小，但三个区域内部的差异扩大了，其中北部湾经济区内部金融发展水平差异远远大于其他两个区域且有持续扩大的趋势。分析原因可知，在广西全区金融行业皆持续发展的情况下，原发展受限的非沿海地区发展态势良好，使得三个区域之间差异缩小；与此同时，南宁市作为广西首府，金融资源存量与金融发展速度远超其他城市，导致其所在的北部湾经济区内部差异愈加扩大。

第三，从对广西全区金融发展总体差异的贡献率看，组间差异的贡献率逐渐下降，组内差异的贡献率逐渐上升，其中北部湾经济区的贡献率远大于其他区域。这表明三个区域的内部差异，尤其是北部湾经济区内部地级市之间的差异对总体差异造成了决定性影响。

二、政策建议

广西东连广东，西连云南，西南接壤越南，南临北部湾，有着独特的区位优势、丰富的自然资源、多样的人文景观。随着国家西部大开发、北部湾经济区发展规划等战略规划的实施，广西全区经济发展迅猛。其中，北部湾经济区的地区生产总值、财政收入、居民收入等多项经济指标皆领先全区，包括银行业、保险业、证券期货业在内的金融体系不断壮大，对信贷资金的吸引力也不断提升，正在作为先锋区域带动全区整体发展。

然而，该经济区域的突出表现，也使得广西全区经济与金融发展水平的差异化更为严重。此区域差异具有客观性、必然性与阶段性，是共同富裕道路上“先富带动后富”的初步结果，将阶段性地长期存在。而北部湾经济区对其他地区的辐射作用有限，极有可能会导致愈加严重的不平衡，解决金融发展水平失衡问题刻不容缓。为促进广西全区经济协调发展，需要缩小全区金融发展差异并控制在合理适度的区间内，综合提高全区整体金融行业的发展水平，优化区域金融资源。为此我们提出一系列政策建议。

（一）明确地区发展方向，有效促进经济发展

反观三个地区的经济总量，非沿海的桂西资源富集区、西江经济带的进出口总量及地区生产总值远低于北部湾经济区，这从根本上制约了这些地区金融业的发展。因此，这些非沿海的偏远地区应针对自身区域的发展特色，明确自身未来发展方向，同时要与其他区域保持适度差异。例如，可以利用少数民族聚集以及自然资源旅游资源富集的区位优势，集中合力发展旅游产业，实现旅游业集群化发展，提高区域经济与金融竞争力，加快经济发展，为金融深化奠定经济基础，逐步拉近与北部湾经济区的距离。

（二）加强粤桂合作，推动沿海地区经济发展

粤桂地区包括泛珠三角经济圈、珠江—西江经济带、泛北部湾经济圈等多个经济区域，还是港澳与西南地区的交会过渡区域，具有显著的战略区位优势。近年来，区域间施行经济协同发展战略的热度不断提升，粤桂两地也不例外，于2014年建设了粤桂合作特别试验区，成为创新合作的又一新举措。粤桂地方政府应持续深化省际合作，坚持“引进来”与“走出去”相结合，持续推进岭南—北部湾地区经济一体化，同时鼓励沿海沿江地区主动融入珠三角经济带，组织开展区域金融协作交流活动，以此分享金融行业发展经验、促进人才相互流动交流，积极推动区域金融互惠合作与协同发展。由此进一步完善我国沿海经济布局，缩小北部湾经济区内部地级市差异，深入实施西部大开发战略，刺激金融需求生成发展，使东中西部金融发展更协调，联系更紧密。

（三）完善金融机构体系，创新金融服务方式

根据广西北部湾经济区发展规划，北部湾经济区的14个重点发展园区有一大批重点项目正在推行或即将推行，由此催生的中小微企业如雨后春笋，资金供给有较大压力。而广西的财力有限，若仅依靠国家的专项财政资金和银行信贷，难以满足经济区建设的需要。这就需要建设多元化、多层次的金融机构，例如，银行业、期货业提供多样化创新式金融支持，私募投资机构提供直接投资机会……满足和刺激更多样的金融需求，促进金融业的竞争，提高金融行业的整体水平。更完善的金融机构体系能有力推进经济区的进一步均衡发展。虽然短期的“先行发展”会引发区域金融发展失衡现象，但从长远看有利于从整体上推动广西经济全面进步，成为推动西部大开发的战略要地，侧面促进西南地区对外开放和经济发展，改善区域经济发展差异，进而缩小金融发展差距。随着广西全区推进旅游等产业的发展，少数民族聚集区以及自然资源富集地区必将前景无限。

与此同时，农业在广西全区的经济发展结构中占较大比重，尤其在桂西资源富集区及西江经济带区域。广西自2009年起即开展农村金融改革试点工

作，从金融角度支持“三农”发展，如今已有一定成果。然而“三农”贷款难问题仍然存在，广西地方政府应当引导小额贷款公司、融资性担保公司等微观金融机构介入，并且合理增加部分金融机构的分支机构和营业网点，将其引入桂西资源富集区及西江经济带。除增加金融机构的数量及规模外，还可以在其他地区集中培养发展特定的金融工具与金融服务，通过拓展金融服务范围，增加信贷投放，提高区域金融竞争力。同时，还应当完善地方微观金融机构的扶持政策，建立有效的机构监管机制，增加扶持覆盖面，保证资金发放及时、公平、有效，真正落实金融支持中小微企业、支持“三农”，推动桂西资源富集区、西江经济带的发展。

（四）深化金融体制改革，提高资源配置效率

广西地方政府应紧跟金融行业发展的新趋势，积极鼓励区内各类金融机构进行金融业务、金融产品的创新，深化金融及金融监管体制改革，进一步深化金融行业发展，提高广西金融业的整体水平。广西目前还存在着较为严重的金融发展水平失衡现象，这在一定程度上会导致金融效率的下降，进而导致区内各地级市经济发展的失衡。若要提高全区的金融资源效率，首要的任务就是将金融产业扩展到全区，尤其是布局到金融资源较少的地区去，拓展金融服务范围。以上各类区域金融协调政策虽然不可能消灭各区域之间的金融发展差异，但有利于将金融发展差异控制在一个合理适度的区间内，提高金融资源配置效率，促进广西全区的经济发展。

第七章　中国区域金融资源配置及其经济影响

本书第一章至第六章主要从金融资源空间分布的视角，分析了全中国及若干典型区域金融资源差异（环渤海、京津冀、海西、重庆、广西）及其经济影响，结论为全国及区域的金融资源差异明显，而且有失衡趋势，同时区域金融资源差异在一定程度上对经济产生了影响，导致经济发展差异，甚至是经济发展失衡。基于此，我们的主要建议是适当控制金融发展差异和金融资源差异，优化区域金融资源空间分布，协调区域金融发展。

接下来的第七章和第八章将探讨区域金融资源配置及其经济影响，这里区域金融资源配置主要指银行、证券、保险、外资等核心金融资源配置（金融结构配置），我们试图分析这些核心金融资源与经济发展的关系，探讨这些金融资源是否促进经济发展，并提出相关的优化金融资源配置（优化金融结构）的建议。第七章研究中国区域金融资源配置及其经济影响（经济增长及产业结构），第八章研究“一带一路”区域金融资源配置及其经济影响。这样一来，我们研究经济影响不仅涉及量的方面（经济增长），而且涉及质的方面（产业结构），并延伸到以中国为核心的国际区域层面，为国际金融研究贡献“中国元素”。这些正是本书的特色所在。

本章首先梳理31个省、自治区、直辖市2006—2016年的经济指标，包括GDP、产业优化程度、银行贷款总额、外商投资、证券筹资额、保费收入等金融指标，对这些指标进行梳理和实证分析，构建动态面板数据模型，将四项核心金融资源指标（银行贷款总额、外商投资、证券筹资额、保费收入）对两组经济发展指标（GDP及产业优化程度）进行回归，并分别从全国层面和区域层面进行研究，试图发现核心金融资源对经济发展的贡献程度。然后，结合统计分析和实证结论，找出现阶段我国东、中、西部地区在经济增长与产业升级中存在的问题，并提出对策和建议。

第一节　区域金融资源配置对经济质与量的影响

一、研究背景

改革开放之初，我国经济基础较弱，为了尽快实现经济发展，国家集中力量优先发展东部地区经济，希望通过东部地区的经济发展带动中西部地区，最终实现共同富裕。事实证明，这一经济战略有力推动了我国东部地区经济的飞速发展。进入新时代，如何让我国中西部地区也实现经济的崛起，最终实现全面发展，成为我国改革开放的新重点，其中对于金融的推动作用应该给予高度重视。

金融对于一个国家的经济发展有着非常重要的战略意义，金融资源作为一种战略性资源，其对于经济的作用不言而喻。在经济发展过程中，区域化是必经之路，在经济发展的同一时间点上，不同区域的经济发展状况会出现差异化的现象。我们应当重视经济发展的效率与质量，提高金融资源的利用效率，推动产业的优化升级，有效促进经济高质量发展。产业的优化与升级，将带来对资金与资源需求的改变，想要推动经济的可持续发展，就必须匹配产业升级所需的金融资源。因此，产业升级与金融资源配置之间的关系将是我们研究的重点。

本章通过理论与实证两种方式来解析金融资源配置对区域经济增长与产业升级带来的影响，研究优化金融资源、促进区域经济发展的有效策略，推动中西部经济崛起，从而实现中国经济全面均衡可持续发展。

二、研究意义

（一）理论意义

在理论研究中，金融业的发展与经济发展之间的内在关系一直是经济金融学者研究的重点问题。许多学者认为，发展金融机构、金融企业、金融市场以及提高资本利用效率是促进经济发展的有效途径，但是对于金融发展对经济发展的实际影响尚未形成一致的结论。

目前国内相关研究很多，涉及领域非常广泛，但从金融资源角度对区域经济增长和区域产业优化升级的研究却相对有限。在本章中，我们运用金融资源系统与金融结构效率理论，聚焦我国东、中、西部地区金融资源配置存在的问题，认为金融资源优化应当注重金融资源的结构优化，注重金融、经济、产业的和谐运行和金融系统的可持续发展，并由此提出提升金融资源配置效率的方式及政策建议。同时，运用金融资源和金融结构效率理论研究我国东、中、西部地区经济发展状况，深入研究金融资源支持区域产业发展的方式，推动金融业可持续发展。我们的研究角度较为新颖，而且同时从质（产业结构）和量（经济增长）两个层面研究金融资源的经济影响，具有一定的理论价值。

（二）现实意义

我国共有 31 个省、自治区、直辖市，各个地区之间金融资源状况与经济发展和产业分布存在着巨大的差异。改革开放之后，随着各地区经济总量不断增长，区域之间经济发展规模不平衡、产业结构分布不匀等问题愈加突出。金融是经济发展运行的枢纽，研究金融对我国经济发展至关重要。我们有必要对国内金融发展现状进行重新认识，根据研究结论制定符合我国东、中、西部地区实际情况的金融发展战略，促进区域之间的协调发展、共同繁荣。

三、研究方法

本章从金融资源的视角，解析国内金融发展的现状，调查金融资源聚集和金融资源配置的合理程度，寻找加强金融服务能力与实现金融可持续发展的可行之路。

首先，搜集整理现阶段关于我国东、中、西部地区经济建设以及金融资源的相关研究成果，使用文献研究法，对我国东、中、西部地区金融发展状况与经济增长、产业结构的关系进行梳理。

其次，参考较为成熟的实证模型，通过引入工具变量模型、动态面板数据模型等实证分析的方法，探究金融资源与我国东、中、西部地区经济增长和产业升级之间的关系。实证研究的因素和时间区间充分考虑了数据可得性等问题，使得实证分析结果具有较强的参考价值。

最后，根据前文所述的我国东、中、西部地区经济发展与金融资源分布现状，结合前人关于金融资源与经济发展之间关系的研究文献，以及本章模型回归的研究结果，有针对性地提出促进经济高效可持续增长的建议，以及提升我国东、中、西部地区的金融配置效率与促进金融高效发展的措施。

四、研究内容

本章主要研究内容与研究思路如图 7-1 所示。

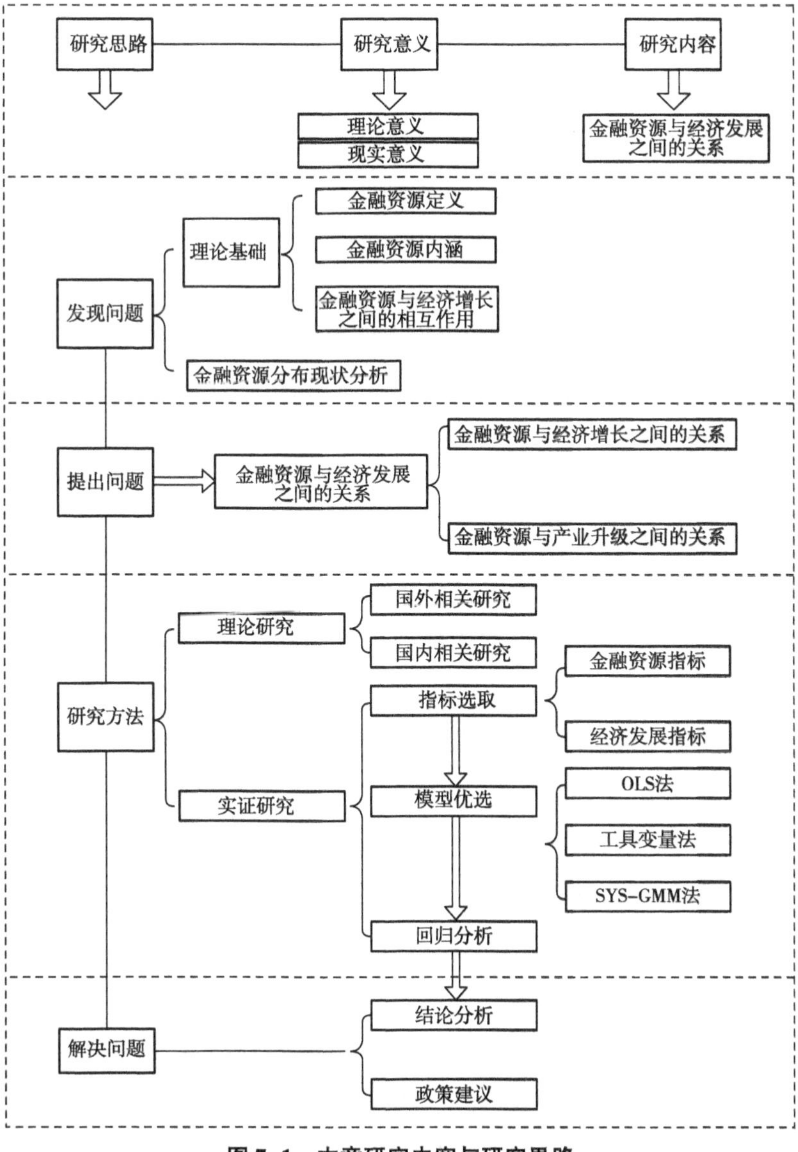

图 7-1　本章研究内容与研究思路

第二节为文献综述。分别总结了国内外金融资源理论、研究现状以及金融资源与经济发展互相影响的研究成果，奠定本章理论基础。

第三节为区域金融资源配置与经济发展现状分析。分别对代表经济发展与金融资源的主要指标进行现状分析，包括区域 GDP、人均 GDP、产业优化程度、银行贷款额、股票筹资额、保费收入额、外商投资额。

第四节为区域金融资源配置对经济影响的实证研究。通过各项金融资源与经济增长和产业结构之间的数量关系，研究金融资源如何影响全国和东、中、西部地区的经济发展，并对背后的原因进行了分析。

第五节为研究结论及政策建议。归纳本章研究结论，并提出有针对性的政策建议，如提高银行资金配置效率，挖掘证券市场潜力，提高保险产业竞争力，积极引导外商投资，以不断优化东、中、西部地区的金融资源分布和配置。

第二节　金融资源与经济发展相关文献研究综述

一、国外相关研究回顾

在金融资源理论构建方面，国外学者做出了以下几方面研究。美国金融学家 Goldsmith 1969 年在其著作《金融结构与发展》（*Financial Structure and Development*）中首次提出金融结构理论，金融结构是指金融系统和金融工具的总和。他研究了金融结构是如何与经济总量相互影响、共同变化的，同时提出了许多关于金融结构的测度指标，开创了金融结构发展水平研究的先河。他的研究发现：随着经济的发展，银行在金融系统当中的比例会有所下降（虽然其可能在某一时段内保持上升的趋势），与此同时，其他类型的金融机构（主要是证券机构、保险公司、基金公司等机构），其金融总量与在金融系统所占比例都会有所提高。Franklin Allen 和 Douglas Gale（1999）共同构建了比较金融理论，认为金融市场在分散金融风险方面相较于银行等金融中介并没有必然优势，仅仅宣扬市场化金融的优势是不合理的；银行的过分竞争可能会影响其资源配置的效率；金融市场与金融中介的关系应当是共同存在、相互弥补，而非互相替代，投资者进行投资的成本也是金融系统需要关注的重点内容。

在金融资源与经济增长之间的影响机制方面，国外学者做了以下几方面研究。Asli Demirgüç-Kunt 和 Ross Levine（2000）基于自身的研究成果，进一步探究了金融资源与经济增长之间的关系，并对全世界很多国家和地区的金融资源情况进行了调查。他们发现：金融资源总量越丰富的国家和地区，经济发展状况就越好，金融行业在经济中的作用就越重要，金融资产的交易活动也就越活跃，金融体系效率越高。总体来说，国家和地区越富有，金融系统就越完善。在富裕国家和地区，股票市场比银行的活跃度、效率更高，随着国家和地区经济发展水平越来越高，金融系统将会越来越倾向于市场化：经济环境好的国家和地区往往具有市场化金融系统；经济环境越差的国家和地区往往具有银行型金融系统。Ross Levine 等（1999）在研究金融资源与经济发展之间的关系时发现，金融资源对于经济的影响作用不仅来自金融资源，同时受到一个国家金融相关政策与法律的影响。政府对于社会投资的法律体系越健全，经济增长就越迅速；政府对于外商投资的政策越开放，外商投资的流入量就越大，对于经济的促进程度也就越高，社会生产的总量就越大。

在金融资源指标构建与实证研究方面，国外学者做出了以下几方面研究。Ross Levine 和 Thorsten Beck（2000）通过对全世界 150 多个国家的各类金融指标进行搜集研究，构建了世界金融资源数据库，为学术界创造了一系列金融研究指标，推动了学界对经济增长和金融资源之间关系的重视，使我们用金融资源的思维去研究国家金融发展状况。Noman Loayza 和 Ranciere（2004）使用面板数据，运用 GMM（广义矩估计）方法，建立动态计量经济模型来研究金融发展与经济增长之间的关系，结果表明金融深化对经济增长有明显的正向影响。详见表 7-1。

表 7-1　国外文献概述

研究方向	作者	论点	刊物或著作
金融资源理论构建	Goldsmith（1969）	首次提出金融结构理论，也提出了许多关于金融结构的测度指标，开创了金融结构发展水平研究的先河	金融结构与发展（*Financial Structure and Development*）

续表

研究方向	作者	论点	刊物或著作
金融资源与经济之间的影响机制	Franklin Allen & Douglas Gale（1999）	共同构建了比较金融理论，提出金融市场在分散金融风险方面相较于银行等金融中介并没有必然优势，仅仅宣扬市场化金融的优势是不合理的	金融中介杂志（*Journal of Financial Intermediation*）
	Asli Demirgüç－Kunt & Ross Levine（2000）	随着国家和地区经济发展水平越来越高，金融系统将会越来越倾向于市场化	倾向经济学杂志（*Journal of Monetary Economics*）
	Ross Levine 等（1999）	金融资源对于经济的影响作用不仅来自金融资源，同时受到国家金融相关的政策与法律的影响	金融中介杂志（*Journal of Financial Intermediation*）
金融资源指标构建与实证研究	Ross Levine & Thorsten Beck（2000）	构建了世界金融资源数据库，为学术界创造了一系列金融研究指标	金融经济学杂志（*Journal of Financial Economics*）
	Noman Loayza & Ranciere（2004）	运用 GMM（广义矩估计）方法，建立动态计量经济模型来研究金融发展与经济增长之间的关系	金融经济学杂志（*Journal of Financial Economics*）

二、国内相关研究回顾

金融资源理论的建立基于经济金融全球化和经济金融化、经济与金融关系日益紧密化、社会资产金融化和资产证券化的前提。金融已不再仅仅是国家经济产业中的一小部分，而是作为国家安全与主权的重要组成部分，成为涉及各个国家的、对于全世界经济生产都产生巨大影响的因素。我国学者主要从以下三个方面对金融资源相关问题进行研究：我国金融资源分布不均衡问题，金融资源与经济发展之间关系问题，金融资源与产业结构之间关系问题。

首先是立足我国东、中、西部地区金融资源发展配置不平衡的问题，研究造成这一现状的主要原因与改善方式。江其务（2001）测算出长三角、珠三角、京津冀三大经济区域占据了我国绝大部分的金融资源，相对落后的中西部地区只拥有少量的金融资源存量，这导致了我国区域金融发展的不平衡问题。王晓青、李云（2004）对央行资产负债表与省际存款、信贷数据进行研究后发现，外向型经济的发展程度影响了资金配置的水平，外向经济规模越大，资金配置就越多。不平衡的货币供给格局是造成内陆地区与沿海省份有效货币供应差别的主要原因。王纪全（2007）对我国东、中、西部金融资源进行研究后发现，我国金融资源存在着严重的不平衡现象。东部地区人均金融资源远远超过全国平均水平，而中西部却十分缺乏金融资源。其提出政府应当鼓励金融资源向中西部地区流动，金融资源可以在中西部地区产生很高的边际效应，合理地分配全国的金融资源，可以大大提升落后地区的经济增长水平和速度。

其次是从我国目前各地区经济增长与金融资源分布情况出发，研究地区金融资源与经济发展之间的关系，这也是国内学者研究最多的领域。柳明（1999）认为金融资源是一种稀缺而又脆弱的战略性资源。发展金融资源既要着眼于全局，保证社会各部门都能够合理地得到金融资源配置，又要重视金融资源发展的速度，应当以市场的方式来发展金融资源，减少金融资源的无效浪费，保质保量地发展金融资源，在扩大金融资源总量的同时，提高金融资源层次。陆家骝（2000）通过对东南亚的金融危机进行研究，发现当地金融资源存在无效膨胀的现象，最终导致金融危机的发生，对整个亚洲范围内的经济造成巨大冲击。他提出金融资源存在两面性，金融资源的存在可以对经济产生促进作用，但是当金融资源的积累超过实际需求时就会造成金融资源的低质膨胀，最终对经济造成冲击。周立、王子明、胡鞍钢（2002）通过实证分析，研究了我国一年的省际数据，发现金融发展与经济增长之间存在强相关，金融的市场化有利于经济的增长，且显著。曾康霖（2005）通过对我国银行系统的研究，提出国有银行占据过多的金融资源，但并没有对经济形成实际的推动，金融资源的配置并不受市场供求的影响，而是更多地受到政府政策的影响，导致金融资源实际上被低效的金融系统浪费掉了。林毅夫等（2006）通过对金融结构和经济发展之间的关系进行研究，得出结论：对于处于工业化初期，以劳动密集型产业为主导的国家来说，区域性的地方银行是国家金融资源的主要提供者。随着工业化水平的提高、经济总量的发展，金融系统的层级也随之提高。市场需要能够满足大企业融资需求的证券市场，以及能够控制产业风险的保险业来支撑经济的进一步发展。

最后是从我国产业升级发展与金融资源对其的作用出发，探讨金融资源与我国产业升级的关系。范方志、张志军（2001）研究了我国东、中、西部地区产业结构与金融结构、经济发展之间的关系，选取产业结构、金融相关比与人均增长率为核心变量，认为产业升级促进了经济发展和金融结构合理化。王定祥等（2013）从金融资本角度入手，研究了金融发展与产业结构之间的关系，通过实证模型验证了二者之间的关系，得到以下结论：中国金融发展对产业结构合理化有着负向作用，对产业结构高级化有着正向作用。朱玉杰、倪骁然（2014）选取2000—2011年的金融相关比、金融规模存量、金融聚集情况、金融效率水平等指标，通过杜宾模型研究了其与产业升级之间的关系，得出结论：金融相关比对产业升级有着显著的正向影响，而金融规模存量则与二、三产业发展呈现倒U形关系。罗荣华等（2014）构建了省际面板数据，通过固定效应模型研究了金融发展规模和效率与证券市场的发展程度对于我国产业结构高级化、合理化的影响，认为金融发展规模对产业结构高级化有着正向影响，对产业结构合理化有负向影响。金融发展效率和证券市场对于对产业结构的高级化是负向的，产业结构合理化的作用是正向的。姚华、宋健（2016）通过多指标的交叉协整检验方法，对我国1990—2014年金融发展与产业优化升级的数据进行回归，结果显示，我国金融发展与产业升级之间有着长期稳定的数量关系。刘运、叶德磊（2019）搜集了我国1996—2015年关于银行信贷规模与股市发展相关的指标，构建了动态面板数据，进行回归。结果显示，信贷规模的扩大推动了产业结构高级化、合理化；股市规模的扩大不利于产业高级化，有利于产业合理化。银行与股市的交互项对于产业升级存在着区域差异。详见表7-2。

表 7–2　国内文献概述

研究方向	作者	论点	刊物
东、中、西部地区金融资源发展配置不平衡	江其务（2001）	东部发达地区占据了我国绝大部分的金融资源，相对落后的中西部地区却只拥有少量的金融资源存量	金融研究
	王晓青、李云（2004）	不平衡的货币供给格局是造成内陆地区与沿海省份有效货币供应差别的主要原因	金融研究
	王纪全（2007）	金融资源可以在中西部地区产生很高的边际效应，合理地分配全国的金融资源可以大大加快落后地区的经济增长水平和速度	金融研究
各地区经济增长与金融资源分布情况	柳明（1999）	应当以市场的方式来发展金融资源，减少金融资源的无效浪费，在扩大金融资源总量的同时，提高金融资源层次	辽宁财专学报
	陆家骝（2000）	金融资源存在两面性，金融资源的存在可以对经济产生促进作用，但金融资源的积累超过实际需求时就会造成金融资源的低质膨胀，最终对经济造成冲击	华南金融研究
	周立、王子明、胡鞍钢（2002）	金融的市场化有利于经济的增长，且显著	金融研究
	曾康霖（2005）	国有银行占据了过多的金融资源，且受到政府政策的影响，导致金融资源实际上被低效的金融系统浪费掉了	金融研究
	林毅夫等（2006）	随着工业化水平的提高、经济总量的发展，金融系统的层级也随之提高	金融研究
产业升级发展与金融资源对其的作用	范方志、张志军（2001）	产业升级促进了经济发展和金融结构合理化	金融研究

续表

研究方向	作者	论点	刊物
	王定祥等（2013）	中国金融发展对产业结构合理化有着负向作用，对产业结构高级化有着正向作用	西安交通大学学报（社会科学版）
	朱玉杰、倪骁然（2014）	金融相关比对产业升级有着显著的正向影响，而金融规模存量则与二、三产业发展呈现倒U形关系	中国软科学
	罗荣华等（2014）	金融发展规模对产业结构高级化有着正向影响，对产业结构合理化有负向影响	经济问题探索
	姚华、宋健（2016）	金融发展与产业升级之间有着长期稳定的数量关系	湖南大学学报（社会科学版）
	刘运、叶德磊（2019）	信贷规模的扩大推动了产业结构高级化合理化；股市规模的扩大不利于产业高级化，有利于产业合理化。银行与股市的交互项对于产业升级存在着区域差异	金融论坛

三、文献评述

目前，国外对于金融资源的研究主要集中在理论研究、影响机制与实证研究方面。在理论研究方面，Goldsmith 奠定了金融资源体系的基础，开创了金融发展研究的先河；在影响机制方面，罗斯·雷文等人的研究认为金融资源与经济发展相互促进；在实证研究方面，罗斯·雷文和诺曼等人分别提出了较为主流的金融资源研究指标与金融资源实证方式，为这一方向的研究提供了重要的参考。与此同时，国外学者的研究也存在一些不足，这些研究主要集中在国际层面，关注全球金融资源与经济发展的关系，缺乏对某一特定国家、具体的研究分析，而针对一国（地区）实际情况进行深入的研究正是一国高效发展经济所必需的。

国外有关区域金融及金融资源理论与应用的研究为本章研究提供了有益的理论积累与研究思路探索。目前国内学者对于金融资源对经济发展影响的研究主要集中在如下几个方面：①我国金融发展不平衡问题。国内学者对于我国金融资源东、中、西部地区分配不平衡的现象做出了总结，并提出了有针对性的建议。②对于我国金融资源与经济增长之间关系的研究。国内学者对于金融资源与经济增长之间的关系提出了各自不同的看法。③我国学者开始转向研究金融资源与产业结构优化升级，并提出了产业结构升级与金融资源之间有着密切关系的结论。但国内学者的研究也存在一些不足，如现有研究大多侧重于区域金融发展问题，考察区域金融发展、区域金融相关比例与区域经济的关系，而对区域金融资源差异及其影响因素的研究较少。现有的对于金融资源的研究文献，绝大多数直接用银行信贷资源代表金融资源，缺乏对国内各地区金融资源的全面考察。另外，对中国整体金融资源问题的探讨多，对东西部区域的简单比较多，而较少涉及对地区间金融资源各个层面的深层次分析。对金融资源与产业结构的关系，目前的研究主要以全国为研究样本，并未针对各不同区域的产业升级发展现状做出深入分析。

针对以上不足，我们做出了以下几点改进：①丰富了研究指标。选取更加全面的代表金融资源的四项指标作为自变量，即银行贷款总额、外商投资、证券交易额、保费收入。②改进了实证方式。使用更加合理的SYS-GMM作为主要的回归方法。③扩充了研究对象。针对经济发展的质与量两大层面进行分析，既涉及经济发展又涉及产业升级。④覆盖了更大范围。研究全国及东、中、西三大区域的影响差异。由此，针对我国金融资源与经济发展之间的关系，我们进行更加全面深入的研究，充分考虑了金融资源全局与区域配置。

第三节　区域金融资源配置与经济发展现状分析

我国现有的区域金融资源分配存在着不均衡性，受到政策和发展历程的影响，在空间上形成了金融资源供需结构上的差别，我国东、中、西部地区各处于不同的经济发展阶段。

2006—2018年，无论是从全国范围还是从各区域发展角度而言，金融资源的总量都呈现出较大幅度的增长，以下我们将借鉴前面的文献研究，使用GDP、人均GDP代表经济发展的程度，使用第三产业与第二产业产值之比代表产业结构高级化程度，并从银、证、保三大行业中选取可得的银行贷款额、股票融资额、保费收入来代表金融资源的分布状况。另外，金融资源在国家之间的流动也会对我国各个地区的经济发展产生重大的影响，因此选取外商投资额代表外来金融资源分布状况，并对以上几个指标进行现状分析。

一、经济发展现状分析

（一）以GDP为指标的区域经济发展状况

根据2006—2018年的统计数据分析，我们发现全国、东部、中部、西部地区的GDP总量的绝对值都有较大幅度的增长，而东部地区的总量超过了中、西部地区之和，在增长速度方面，西部地区最快，中部地区次之，东部地区最慢。这说明我国中、西部地区的经济正在进入发展快车道。相对占比呈现中、西部提升，东部下降的趋势，同样说明了中、西部地区的经济发展速度较快，中、西部地区相对于东部地区，经济总量虽然相差较为悬殊，但是差距正在不断缩小。这说明我国中、西部地区的经济发展战略产生了正向的作用。详见表7-3。

表7-3　以GDP为指标的区域经济发展状况

年份	总量（单位：亿元）				占比（%）		
	全国	东部	中部	西部	东部	中部	西部
2006	232 836.7	143 269	58 911.74	30 655.97	61.5	25.3	13.2
2007	279 737.9	171 017.4	71 782.95	36 937.47	61.1	25.7	13.2
2008	333 314	201 106.2	87 277.23	44 930.57	60.3	26.2	13.5
2009	365 303.7	219 646.1	96 183.56	49 474.07	60.1	26.3	13.5
2010	437 042	260 057.8	116 817.6	60 166.64	59.5	26.7	13.8
2011	521 441.1	305 302.3	141 984.6	74 154.21	58.5	27.2	14.2
2012	576 551.8	333 773.6	157 789.1	84 989.12	57.9	27.4	14.7
2013	634 345.3	366 428.2	172 327.4	95 589.78	57.8	27.2	15.1

续表

年份	总量（单位：亿元）				占比（%）		
	全国	东部	中部	西部	东部	中部	西部
2014	684 349. 4	394 400. 3	185 292. 4	104 656. 7	57. 6	27. 1	15. 3
2015	722 767. 9	418 454. 8	193 928. 8	110 384. 3	57. 9	26. 8	15. 3
2016	780 070	450 751	208 936. 6	120 382. 4	57. 8	26. 8	15. 4
2017	820 754	471 506. 4	219 760. 5	128 740. 2	57. 5	26. 8	15. 7
2018	900 309	515 768. 9	239 488. 6	144 854. 8	57. 3	26. 6	16. 1

数据来源：Wind 数据库

根据 2006—2018 年的统计数据分析可知，人口规模也会对反映经济增长状况的指标产生影响，为了解决这一问题，我们选取人均 GDP 这一指标来避免人口因素的影响。从表 7-4 中可以看出，全国、东部、中部、西部地区的人均 GDP 都出现了较大幅度的增长，东部地区显著高于中、西部地区和全国平均水平，但差异在不断缩小。对于人均 GDP 增长速度，西部地区的人均 GDP 增速高于中部地区，中部地区高于东部地区。这说明我国中、西部地区的经济发展战略卓有成效，经济状况正在不断向好。

表 7-4　各区域人均 GDP 发展状况　　（单位：万元）

年份	全国	东部	中部	西部
2006	1. 798	2. 539	1. 332	1. 061
2007	2. 145	2. 988	1. 621	1. 279
2008	2. 536	3. 468	1. 963	1. 550
2009	2. 758	3. 739	2. 155	1. 702
2010	3. 277	4. 360	2. 611	2. 076
2011	3. 890	5. 081	3. 165	2. 549
2012	4. 277	5. 514	3. 506	2. 905
2013	4. 681	6. 014	3. 815	3. 249
2014	5. 023	6. 432	4. 086	3. 538
2015	5. 272	6. 782	4. 256	3. 701
2016	5. 653	7. 251	4. 566	4. 005
2017	5. 933	7. 634	4. 769	4. 401
2018	6. 376	7. 984	4. 983	4. 697

数据来源：Wind 数据库

（二）以产业优化比为指标的区域产业升级状况

根据2006—2018年的统计数据，我们使用第三产业与第二产业产值的比值来代表产业升级的水平和程度，发现全国、东部、中部、西部地区都有较大幅度的增长。从各地区产业升级速度来看，东部地区增速较大，中部地区增速次之，而西部地区的增速最慢。这说明我国产业升级程度东强西弱。中、西部地区相对于东部地区，产业升级程度相差较大，且差距正在不断增加。这说明我国中、东、西部地区产业结构正处于不同的阶段。详见表7-5。

表7-5　各区域产业升级状况

年份	全国	东部	中部	西部
2006	0.784	0.789	0.743	0.842
2007	0.786	0.805	0.723	0.819
2008	0.759	0.792	0.675	0.768
2009	0.835	0.882	0.730	0.832
2010	0.802	0.876	0.669	0.752
2011	0.797	0.889	0.644	0.734
2012	0.835	0.933	0.679	0.766
2013	0.868	0.970	0.710	0.789
2014	0.953	1.044	0.810	0.883
2015	1.063	1.143	0.922	1.024
2016	1.146	1.227	1.006	1.102
2017	1.208	1.297	1.103	1.197
2018	1.272	1.376	1.190	1.270

数据来源：Wind数据库

二、金融资源配置现状分析

（一）以银行贷款余额为指标的金融资源分布状况

根据2006—2018年的统计数据，从银行贷款资源的绝对额来看，东部地区的信贷资源超过了中、西部地区信贷资源之和，但东、中、西部地区信贷资源都出现了较大幅度增长。从比例来看，东部地区信贷额占全国的比例正在逐年减少，中、西部地区的信贷额度则出现逐年上升的情况。这说明我国的信贷资源分布逐渐向中、西部地区倾斜，中、西部地区与东部地区的差距虽非常巨大，但正在不断缩小。详见表 7-6。

表 7-6 以银行贷款余额为指标的金融资源分布状况

年份	总量（亿元）				占比（%）		
	全国	东部	中部	西部	东部	中部	西部
2006	2 478 170. 793	1 617 493. 607	513 896. 554	346 780. 693	65. 3	20. 7	14. 0
2007	2 895 924. 067	1 901 151. 794	591 035. 358	403 736. 924	65. 6	20. 4	13. 9
2008	3 314 316. 750	2 175 085. 878	666 199. 746	473 031. 146	65. 6	20. 1	14. 3
2009	4 270 365. 719	2 804 254. 624	846 097. 709	620 013. 398	65. 7	19. 8	14. 5
2010	5 191 640. 311	3 373 550. 989	1 036 336. 737	781 752. 703	65. 0	20. 0	15. 1
2011	6 013 316. 215	3 874 878. 114	1 204 534. 838	933 903. 327	64. 4	20. 0	15. 5
2012	6 921 113. 734	4 397 469. 789	1 415 958. 858	1 107 685. 275	63. 5	20. 5	16. 0
2013	7 895 568. 178	4 943 734. 663	1 643 367. 127	1 308 466. 418	62. 6	20. 8	16. 6
2014	8 775 090. 562	5 545 802. 931	1 714 336. 148	1 514 951. 531	63. 2	19. 5	17. 3
2015	10 022 923. 419	6 239 909. 876	1 995 925. 197	1 787 088. 336	62. 3	19. 9	17. 8
2016	11 520 862. 976	7 022 980. 144	2 470 262. 086	2 027 620. 747	61. 0	21. 4	17. 6
2017	12 047 887. 239	7 787 436. 275	2 686 492. 003	2 336 483. 585	61. 3	21. 6	17. 1
2018	13 097 384. 782	8 567 251. 983	2 907 527. 984	2 693 651. 982	60. 7	21. 9	17. 4

数据来源：Wind 数据库

（二）以证券筹资额为指标的金融资源分布状况

从我国东、中、西部地区股票筹资额来看，在筹资额度与占比方面，东部地区相对于中、西部地区有着绝对优势，东部地区显著高于中、西部地区。2006—2018 年，我国证券市场融资飞速发展，其中占比最高的地区是东部地区，但东部地区所占比例逐年降低，中、西部地区所占比例则逐年增加。虽然东、中、西部地区的证券市场筹资额差距正在逐年减少，但绝对值上的差距依然非常巨大。详见表 7-7。

表 7-7 以证券筹资额为指标的金融资源分布状况

年份	总量（亿元）				占比（%）		
	全国	东部	中部	西部	东部	中部	西部
2006	2 452.8	1 976.6	377.7	98.5	80.6	15.4	4.0
2007	9 621.2	8 456.2	645.2	519.8	87.9	6.7	5.4
2008	3 809.18	2 822.64	507.34	479.2	74.1	13.3	12.6
2009	5 491.9	4 135.1	608.8	748	75.3	11.1	13.6
2010	10 366.47	7 921.17	1 375.3	1 070	76.4	13.3	10.3
2011	8 002.77	6 058.8	1 076.8	867.17	75.7	13.5	10.8
2012	4 988.4	3 498.8	794.7	694.9	70.1	15.9	13.9
2013	4 862.26	2 901	1 032.4	928.86	59.7	21.2	19.1
2014	6 579.84	4 220.3	1 206.7	1 152.84	64.1	18.3	17.5
2015	10 003.2	6 833.4	1 754.3	1 415.5	68.3	17.5	14.2
2016	16 010.2	11 576.3	2 703.2	1 730.7	72.3	16.9	10.8
2017	17 829.4	13 296.7	2 814.5	1 797.8	74.7	15.8	10.1
2018	12 406.7	85 932.8	2 145.9	1 608.3	69.3	17.3	13.4

数据来源：Wind 数据库

（三）以保费收入为指标的金融资源分布状况

2006—2018 年，我国保险行业规模迅速发展，保费收入也出现了较大幅度的增加。2006 年全国保费收入为 4 970.3 亿元，至 2018 年全国保费收入已达到 34 886.92 亿元，12 年间上涨 7.01 倍。2018 年，东、中、西部地区占全国保费收入的比值分别为 57.5%、26.3%和 16.2%。2006—2018 年，东、中、西部地区保费收入占比的变化较小，东部地区无论是总量还是比例都远远大于中、西部地区，但是中、西部地区保费收入增长较为迅速，中、西部地区与东部地区的差距正在不断缩小。详见表 7-8。

表 7-8　以保费收入为指标的金融资源分布状况

年份	总量（亿元）				占比（%）		
	全国	东部	中部	西部	东部	中部	西部
2006	4 970. 3	3 171. 88	1 032. 17	766. 25	63. 8	20. 8	15. 4
2007	6 569. 79	3 989. 66	1 584. 88	995. 25	60. 7	24. 1	15. 1
2008	9 184. 3	5 298. 41	2 428. 83	1 457. 06	57. 7	26. 4	15. 9
2009	10 443. 04	5 997. 43	2 754. 41	1 691. 2	57. 4	26. 4	16. 2
2010	13 597. 19	7 810. 49	3 586. 96	2 199. 74	57. 4	26. 4	16. 2
2011	13 399. 57	7 551. 75	3 605. 3	2 242. 52	56. 4	26. 9	16. 7
2012	14 423. 88	8 213. 55	3 773. 96	2 436. 37	56. 9	26. 2	16. 9
2013	17 136. 99	10 215. 17	4 151. 28	2 770. 54	59. 6	24. 2	16. 2
2014	18 849. 48	10 734. 04	4 913. 13	3 202. 31	56. 9	26. 1	17. 0
2015	22 702. 27	12 837. 03	6 017. 22	3 848. 02	56. 5	26. 5	16. 9
2016	28 964. 81	16 730. 33	7 394. 9	4 839. 58	57. 8	25. 5	16. 7
2017	32 086. 57	18 764. 67	80 320. 5	5 280. 8	58. 4	25. 1	16. 5
2018	34 886. 92	20 061. 89	91 524. 4	56 376. 2	57. 5	26. 3	16. 2

数据来源：Wind 数据库

（四）以外商投资为指标的金融资源分布状况

改革开放之后，我国东、中、西部地区之间经济发展水平的差距在不断扩大。国家对于沿海地区的经济开放政策，使得大量外资参与到当地的经济发展当中，对我国经济产生了较大影响。东部地区获得了巨大的改革收益，经济快速发展（刘夏明等，2004）。因为外商投资对经济发展的影响非常巨大，所以本章将外商投资作为经济发展的动力之一，将其视为一种重要的金融资源。从我国的外商投资利用额来看，2006 年为 17 600. 384 亿美元，2018 年增长到 386 183. 173 亿美元。从东、中、西部地区的外商投资占比来看，2006—2018 年外商投资正在不断向我国的西部地区转移。这也说明我国中、西部地区的外商投资政策正在发挥效用。但从总量上看，外商投资仍主要集中在我国东部地区，中、西部地区相对于东部地区，依然存在非常大的差距。详见表 7-9。

表 7-9 以外商投资为指标的金融资源分布状况

年份	总量（亿元）				占比（%）		
	全国	东部	中部	西部	东部	中部	西部
2006	114 402.526	97 377.877	12 361.545	4 663.211	85.1	10.8	4.1
2007	138 198.418	117 842.279	14 392.040	5 964.098	85.3	10.4	4.3
2008	151 533.582	129 129.331	14 922.278	7 481.973	85.2	9.8	4.9
2009	161 009.744	136 068.801	16 547.070	8 393.872	84.5	10.3	5.2
2010	173 876.579	145 523.329	18 453.554	9 899.695	83.7	10.6	5.7
2011	192 931.941	160 646.530	20 956.493	11 328.912	83.3	10.9	5.9
2012	210 419.875	174 205.871	22 828.006	13 385.997	82.8	10.8	6.4
2013	227 930.186	188 374.627	24 500.404	15 055.154	82.6	10.7	6.6
2014	254 445.796	208 855.511	28 192.722	17 397.562	82.1	11.1	6.8
2015	304 114.356	248 694.187	35 036.604	20 383.564	81.8	11.5	6.7
2016	343 308.526	285 525.044	35 623.149	22 160.332	83.2	10.4	6.5
2017	364 982.874	301 028.655	39 312.414	23 663.852	82.7	10.8	6.5
2018	386 183.173	318 586.805	39 758.289	27 406.412	82.6	10.3	7.1

数据来源：Wind 数据库

三、总结

本章从经济增长、产业升级、银行业、证券业、保险业以及实际利用外资等指标入手，考察了全国和东、中、西部地区的经济发展状况。我们发现，2006—2018 年，全国和东、中、西部地区的经济发展都有了长足的进步，金融各行业都得到了快速发展。虽然存在着发展不均衡的问题，但东、中、西部的差距正在不断缩小。总的来说，东部地区的金融存量远远大于中、西部地区，但是金融资源的增长速度慢于中、西部地区。

通过对数据的分析与观察，我们简要总结了中国经济发展与金融资源的分布状况。从区域的角度看，银行信贷、股票融资、外商投资三项金融资源正逐步向中、西部地区转移。而保费收入在各地区之间的差异较小。这也说明我国中、西部地区正在不断崛起，产业正在向欠发达地区转移，证明我国西部大开发和促进中部崛起等区域政策开始发挥作用。

金融资源与我国经济发展之间的关系，以及金融资源如何影响我国经济总量与产业结构，将是本章接下来要研究的核心问题。

第四节　区域金融资源配置对经济影响的实证研究

地区经济发展与该地区金融资源的增长是互相影响的。金融系统可以将金融资源在有投资需求和有融资需求的部门之间进行分配调动，在满足不同部门的不同需求的同时，增加金融资源的边际效率，优化社会产业结构，为投资融资双方带来收益。经济增长越快、产业升级水平越高的地区，其对金融资源的需求量越大，随着该地区经济水平不断提升，在该地区投资的边际收益就更高。这样就能吸引更多的投资者携金融资源进入该地区，这一地区的金融资源聚集水平、产业升级水平也就更高，彼此互相影响，形成正反馈。

为了能够更加客观、真实、准确地描述我国东、中、西部地区的金融资源情况，本章从金融资源学说的视角出发，提取一些标准化的金融资源指标，研究金融资源系统，得出其对于地区经济增长与产业优化升级的统计学结果。这样可探明影响我国东、中、西部各地区金融资源聚集的情况，以实证的形式反映金融资源对于经济和产业的影响情况；而只有真正了解东、中、西部各地区金融资源实际情况、找出真正适合该地区的金融资源配置方式，才能够有效利用金融资源建设当地经济。

我们以经济区域为分组，考虑国内数据库数据完整性、可得性等因素，选取实体性中间资源作为实证研究指标。由于各个省（区、市）可获得的相关数据量有限，我们决定将国内31个省（区、市）整合成为三个组别，分别考量其内部金融资源分配状况。这些地区在一定时间区间内的数据可以实际反映金融以资源的形式不断积累与优化的过程。同时，以所在地区为划分标准对省（区、市）进行分类，可得到不同区域的省（区、市）所拥有金融资源的量，进而得出这些省（区、市）金融资源的实际拥有量，为接下来的实证研究做准备。

基于现有的文献综述与数据描述性统计，我们通过实证检验的方式对金融资源对经济发展的影响进行研究。采用 OLS 法作为参考系，分别使用工具变量法、SYS-GMM 对数据进行回归，充分考虑面板数据的特性，用多种实证方法来考察实证结果的稳定性，以保证实证结果的有效性。在确定最佳的回归方式之后，我们将使用该方式对金融资源发展的两个层面（即经济增长与产业升级）分别进行回归，得到实证结果后进一步深入分析金融资源与经济发展的关系。

一、样本与变量的选取

（一）样本空间的选取

为了更加直观地分析金融资源与经济发展的各项指标在不同区域的分布与配置状况，本章按照各省（区、市）所在的区域进行分组研究。在区域划分上，参考国家统计局标准，考虑各个区域经济特点、各项金融数据的完整性等多个因素，对省（区、市）进行分组，见表 7-10。

表 7-10 国内省（区、市）地区划分

区域	省（区、市）
东部	北京、天津、河北、辽宁、上海、江苏、浙江、福建、山东、广东、广西、海南
中部	山西、内蒙古、吉林、黑龙江、安徽、江西、河南、湖北、湖南
西部	重庆、四川、贵州、云南、西藏、陕西、甘肃、宁夏、青海、新疆

资料来源：国家统计局

在时间跨度选择方面，为尽可能获取各项金融经济指标，贴近我国实际，本章将时间区间确定为 2006—2016 年。

（二）金融资源变量的选取

本章将对金融资源对经济发展的影响进行实证研究。金融资源作为一种理论概念，在实证过程中无法直接进行计算，所以选取可以代表金融资源的量化指标进行研究。参考前人的研究，我们决定使用国内及各区域人均 GDP 指标作为模型的被解释变量代表经济增长，使用第三产业产值与第二产业产值之比作为衡量产业结构高级化的指标。

选取解释变量的过程中，我们主要考虑了两个因素：系统化和标准化。

系统化是指解释变量必须属于金融资源的同一层次，变量之间互相关联又相互独立；标准化是指数据的统计口径与统计主体是标准的。在参考了罗斯·雷文（Ross Levine，1999）构建的金融资源数据指标等文献之后，我们发现，并不是所有的指标都适合进行实证研究，尤其是政府政策等难以量化的指标，导致可以用于实证检验的数据比较少。因此，我们最终从金融业务体系当中寻找需要的解释变量，从银、证、保三大金融行业中选择合适的指标进行回归，进而研究金融资源与经济发展之间的关系。另外，金融资源在国家之间的流动也会对我国各个地区经济发展产生重大的影响，外部资金的流动也是我们在实证研究中需要考虑的重要指标。参考前人的研究成果（邵全权，2012；刘运，2019）之后，我们选取以下指标代表经济发展与金融资源状况，并构建出以下模型：

$$GDP_{it} = \alpha_0 + \alpha_1 rbank_{it} + \alpha_2 rstock_{it} + \alpha_3 rinsurance_{it} + \alpha_4 rfdi_{it} + \Sigma\chi_{jit} + \mu_t + \lambda_i + \xi_{it}$$

$$TS_{it} = \alpha_0 + \alpha_1 rbank_{it} + \alpha_2 rstock_{it} + \alpha_3 rinsurance_{it} + \alpha_4 rfdi_{it} + \Sigma\chi_{jit} + \mu_t + \lambda_i + \xi_{it}$$

其中，α_0 为截距项；i 代表省（区、市）个体；t 为时期；λ_i 为不可观测的地区效应，目的在于控制省份的固定效应；μ_t 为不可观测的时间效应，是一个不随省份的不同而变化的变量，它解释了所有没有被包括在回归模型中和时间有关的效应；ξ_{it} 为服从独立同分布的随机扰动项。

α_1 表示国内银行贷款的影响系数；α_2 表示证券市场筹资额的影响系数；α_3 表示保费收入的影响系数；α_4 表示外商投资额的影响系数；χ_{jit} 是控制变量集合。

具体而言，计量方程中各变量的含义分别如下。

GDP_{it} 是 i 省在 t 年的人均 GDP；TS_{it} 是 i 省在 t 年的产业高级化程度，即第三产业产值与第二产业产值之比（刘运，2019）；$rbank_{it}$ 是 i 省商业银行为该省提供的贷款量，以银行贷款与该省 GDP 的比例进行计算；$rstock_{it}$ 是 i 省证券直接融资市场的发达程度，以股票筹资额与该省 GDP 的比例表示；$rinsurance_{it}$ 是 i 省保险行业的发展程度，以保费收入额与该省 GDP 的比例表示；$rfdi_{it}$ 是 i 省外国投资者为获得投资收益将资金转移到另一经济体的金融投资活动，以外商投资额与该省 GDP 的比例表示（邵全权，2012）。

χ_{jit} 是控制变量，包括：$rwage_{it}$，地方社会平均工资，即该省人均工资；

rk_{it} ，资本形成率，即资本存量与该省 GDP 的比例；$ropen_{it}$ ，经济开放程度，即本地出口额与该省 GDP 的比例；rfs_{it} ，政府支出，即地方公共财政支出与该省 GDP 的比例；$rcpi_{it}$ ，通货膨胀，即地方 CPI 指数。

实证内容的省际面板数据主要来自《中国统计年鉴》与 Wind 资讯。特别需要声明的是，由于部分控制变量数据获取区间的时间段仅为 2006 年至 2016 年，因此实证结果可能存在一定误差。有关上述各项变量的描述性统计见表 7-11。

表 7-11 变量的描述性统计

地区	变量	均值	标准差	最小值	最大值
全国	*GDP*	3. 811	2. 257	0. 575	11. 82
	TS	0. 979	0. 514	0. 499	4. 165
	rbank	12. 491	4. 381	9. 657	27. 251
	rstock	0. 016	0. 03	0	0. 405
	rinsurance	0. 029	0. 01	0. 007	0. 074
	rfdi	0. 365	0. 492	0. 051	5. 027
	wage	4. 211	1. 862	1. 54	11. 99
	rk	61. 258	17. 468	33. 31	139. 6
	ropen	0. 154	0. 171	0. 014	0. 781
	rfs	0. 248	0. 19	0. 084	1. 379
	CPI	102. 92	2. 001	97. 65	110. 09
东部	*GDP*	5. 31	2. 585	1. 024	11. 82
	TS	1. 119	0. 732	0. 564	4. 165
	rbank	13. 697	4. 683	6. 434	25. 659
	rstock	0. 024	0. 045	0	0. 405
	rinsurance	0. 031	0. 011	0. 017	0. 074
	rfdi	0. 689	0. 669	0. 123	5. 027
	wage	4. 777	2. 205	1. 58	11. 99
	rk	52. 89	11. 413	33. 31	85. 6
	ropen	0. 29	0. 204	0. 034	0. 781

续表

地区	变量	均值	标准差	最小值	最大值
	rfs	0.165	0.057	0.084	0.34
	CPI	102.72	1.937	97.65	107.78
中部	*GDP*	3.187	1.426	1.004	7.206
	TS	0.768	0.213	0.499	1.889
	rbank	9.54	2.094	5.974	17.776
	rstock	0.008	0.008	0	0.051
	rinsurance	0.028	0.007	0.015	0.054
	rfdi	0.178	0.071	0.091	0.483
	wage	3.59	1.3	1.54	6.11
	rk	60.425	11.437	37.7	93.4
	ropen	0.057	0.03	0.015	0.132
	rfs	0.196	0.036	0.116	0.275
	CPI	102.841	1.947	99.09	107.19
西部	*GDP*	2.574	1.189	0.575	5.85
	TS	1.001	0.272	0.553	2.113
	rbank	13.87	3.911	6.328	27.251
	rstock	0.013	0.016	0	0.114
	rinsurance	0.028	0.009	0.007	0.052
	rfdi	0.145	0.075	0.051	0.406
	wage	4.09	1.645	1.65	10.32
	rk	72.048	21.787	44.3	139.6
	ropen	0.079	0.063	0.014	0.311
	rfs	0.395	0.274	0.152	1.379
	CPI	102.98	2.101	97.68	111.31

二、估计方法

基于现有的文献综述与数据描述性统计，接下来我们将通过实证检验的方式对金融资源对经济发展的影响进行研究。采用 OLS 法作为参考系，分别使用工具变量法、SYS-GMM 对数据进行回归，充分考虑面板数据的特性，用多种实证方法来考察实证结果的稳定性，以保证实证结果的有效性。

（一）工具变量法

实证研究的过程中，数据之间有时会存在内生性问题，在使用普通最小二乘法（OLS）进行计量的过程中，内生性问题会造成回归系数的有偏性和非一致性，尤其是金融资源与经济发展指标之间可能会存在较强的内生性。这是因为经济发展会对金融资源发展产生促进作用，同时经济发展与金融资源可能会受到某些相同因素的影响。

目前解决内生性问题的改进方法是选取合适的变量作为工具变量，对变量进行二阶最小二乘法（2SLS）回归。工具变量的选取必须满足两大要求，即与模型中的内生变量相关，与扰动项无关。本章在参考前人研究的基础上，分别选取代表经济结构和人力资本的变量作为工具变量，包括私人工业比重 private（私人工业产值/GDP）、大型企业比重 big（大型企业产值/GDP）、国有企业比重 soe（国有企业产值/GDP）、外资工业产值 fc（外资工业产值/GDP）、人力资本 edu（高等教育毕业生/总人口数）。工具变量之所以选取经济结构和人力资本变量，主要是因为其具有前定变量的特点，与本期的随机扰动项之间不存在相关性。上述五项经济结构变量与金融资源发展之间存在紧密联系。

选取工具变量还需要使用检验来验证其有效性。为此，本章通过使用弱识别、不足识别和过度识别来检验工具变量。若接受弱识别检验，则说明工具变量与内生变量弱相关，若拒绝弱识别检验，则说明工具变量和内生变量之间有着强相关性。同时，我们使用不足识别检验和过度识别检验来检验工具变量的内生性问题，如果工具变量满足外生性，则会接受过度识别假设，拒绝不足识别假设。经过检验我们可以知道，选取的工具变量既与内生变量高度相关，又满足严格外生条件，为强工具变量。

（二）动态面板数据

工具变量法是解决变量内生性问题的一种主要方式，但却存在一定的难度。这主要是因为工具变量的选择通常比较困难，而该种方法对于工具变量的依赖程度较高。我们知道经济发展的过程存在连续性，前一期的数据会对后一期产生一定影响，所以在模型构建中应当引入变量的滞后项，但是在引入滞后项的同时也会出现内生性问题。广义矩估计法（GMM）在应对这种模型中含有滞后项的情况时更有优势，可以有效解决滞后项造成的内生性问题。

此外，在进行金融资源与经济发展之间关系的实证过程中，控制变量的引入是为了消除模型变量中可能存在的内生性问题，但控制变量也可能存在内生性。因此，获得有效结果的关键是如何控制内生变量造成的影响，在本模型中，没有被考虑到的遗漏变量可能也会对经济发展造成影响，它们都被归到了残差项当中，但是这些变量可能与模型中出现的变量存在相关性，进而导致 OLS 模型可能产生有偏结果。

当我们使用 GMM 法时，先使用一阶差分对固定效应模型的估计偏差进行消除，再提取解释变量的滞后项，将其作为差分项的工具变量回归，找到合适的工具变量，确保模型估计的一致性。根据 Arellano 和 Bond（1991）的研究，GMM 估计法首先通过一阶差分消除模型中存在的个体固定效应，然后将内生变量的工具变量设定为滞后项，进而对差分方程进行估计，得到的结果为一阶差分广义矩估计量（first differenced GMM estimator，DIF-GMM）。但是，弱工具变量和小样本偏误可能会影响 DIF-GMM 估计的准确性，Arellano 和 Bover（1995）、Blundell 和 Bon（1998）在此基础上进一步提出了系统广义矩估计量（system GMM estimator，SYS-GMM）。SYS-GMM 估计量在 DIF-GMM 估计量上增加了水平方程的方法，进而有效提高了结果的一致性，使结果更加真实有效。另外，Roodman（2006）的研究表明，SYS-GMM 适合于个体多且时间跨度短的宽面板数据，这与本实证研究选取的面板数据情况更加接近，为了更加准确，本章选取 SYS-GMM 方式进行实证估计。

对动态面板数据广义矩估计参数有效性进行检验也是必不可少的，这样可以保证估计结果的一致性。首先，Sargan 检验作为判定工具变量有效性的主要方式之一，原假设为过度识别约束有效。检验所得 P 值越大，说明工具变量的选取越有效。其次，序列相关检验用于验证残差项是否存在二阶自相关性，我们选取 AR 检验二阶自相关是否存在于一阶差分的残差项当中。其原假设是：序列相关不存在于原模型的误差项当中。若接受原假设，则说明二阶自相关不存在于系统广义矩阵残差当中。该检验结果通过了 AR（2）与

Sargan 检验，证明模型得到的结果真实有效。在 GMM 实证过程中，我们由近及远地选取理论上满足矩条件的滞后项。最后，我们将差分方程的 GMM 工具变量确定为被解释变量的一阶与二阶滞后变量，前定变量为国有企业产值与当地 GDP 的比值的一阶滞后变量，工具变量为反映经济结构与人力成本的四项变量。变量的选择通过 AR（2）和 Sargan 检验。我们分别列出该模型 SYS-GMM 方法的实证结果，检验结果见表 7-12。

表 7-12 实证方式检验结果

估计方法	2SLS	DIF-GMM	SYS-GMM
变量数	318	259	295
不足识别检验	12.055***		
弱识别检验	26.87***		
过度识别检验	0.9613		
AR（1）		0.008	0.002
AR（2）		0.560	0.606
Sargan 检验		0.4361	0.974

注：*** $p<0.01$

三、金融资源配置对经济增长的实证结果与分析

下面将对省际面板数据按照所在区域进行划分，分别以全国和东、中、西部为单位对动态面板数据进行回归分析，以研究在不同区域中金融资源配置对经济发展产生的影响。

（一）总体实证结果与分析

为了确保估计结果的准确性，本章以 OLS 回归的实证结果作为参考系，运用工具变量法、SYS-GMM 两种估计方法，既验证使用动态面板数据进行回归的合理性，也检验工具变量选取的有效性。由于内生性问题可能影响工具变量法的可靠性，而动态面板回归模型的设定可以对其进行消除，因此显然是更加合理的。我们认为利用 SYS-GMM 方法对所建立的动态面板回归模型进行估计可以更好地解释金融资源配置与经济发展之间的关系。实证结果见表 7-13。

表 7-13　总体实证结果

因变量	lnGDP		
估计方法	OLS	2SLS	SYS-GMM
lnrbank	-0.157***	-0.747***	-0.121***
	(0.050)	(0.255)	(0.026)
lnrstock	0.009	0.100	0.009***
	(0.010)	(0.062)	(0.002)
lnrinsurance	-0.005	1.046***	0.014**
	(0.044)	(0.257)	(0.007)
lnrfdi	0.104***	0.181***	0.005*
	(0.014)	(0.042)	(0.007)
lnrk	0.469***	1.030***	0.064***
	(0.047)	(0.164)	(0.015)
lnropen	0.043***	0.065**	0.006
	(0.016)	(0.030)	(0.009)
lnrfs	-0.572***	-0.490***	-0.062***
	(0.032)	(0.095)	(0.019)
lncpi	1.033**	1.125***	1.212***
	(0.503)	(0.075)	(0.107)
lnwage	1.290***	0.436	0.083
	(0.032)	(1.067)	(0.063)
L. lnGDP			0.903***
			(0.054)
变量数	319	318	295
不足识别检验		12.055***	
弱识别检验		26.87***	
过度识别检验		0.9613	
AR（1）			0.002
AR（2）			0.606
Sargan 检验			0.974
R-squared	0.928	0.717	

注：*** $p<0.01$，** $p<0.05$，* $p<0.1$

根据表 7-13 的估计结果可知：

第一，人均 GDP 滞后项的增长率系数估计值均为正且显著，区域经济增长受上一年人均 GDP 影响，且有显著的正向作用，SYS-GMM 模型滞后一期人均 GDP 增长率估计系数为 0.903。这表明就全国而言，上一年度的人均 GDP 每增加 1 个百分点，可导致全国人均 GDP 增长 0.903 个百分点，说明经济增长本身具有记忆性。

第二，银行贷款与 GDP 的比值系数估计值为负且显著，说明银行贷款的增加对于全国经济增长有着负向作用。通过 SYS-GMM 模型得到的回归值可以看出，银行贷款额度与 GDP 的比值增加 1 个百分点，可使全国人均 GDP 减少 0.121 个百分点，也就是说银行贷款的扩张事实上减缓了经济的发展。究其原因，银行系统作为我国家庭和企业储蓄的首选，保存着整个社会大多数闲置资金，有着非常大的资产体量。但是，中国银行业普遍风险偏好较低，表现为银行向资金需求并不强烈的大型企业分配较多的贷款资源，大型企业由于本身的资金缺口并不大，信贷资金往往停留在银行系统内部空转。而银行面对中小型企业存在惜贷现象，造成信贷分配在大型企业和民营中小型企业之间的不公平，伤害了民营中小型企业的利益，减弱了市场经济的活力，影响了实体经济的发展。

第三，证券市场融资额与 GDP 的比值系数估计值为正且显著，说明证券市场融资额的增加对于全国经济增长有着正向作用。通过 SYS-GMM 模型得到的回归值可以看出，证券市场融资额与 GDP 的比值增加 1 个百分点，可使全国人均 GDP 增加 0.009 个百分点，也就是说证券市场融资额的增加事实上加速了经济的发展。证券市场作为企业从社会进行直接融资的重要渠道，有着很大的经济意义，可以有效降低企业的融资成本，提高资金的流转与利用水平，加强企业的市场竞争力。证券市场要求上市企业进行信息公开，增加了资本市场的透明度，为市场在企业之间高效配置金融资源提供了帮助，提升了全社会的金融资源配置效率。同时，证券业对于我国经济增长的影响有限，则说明了我国证券行业的发展不够完善。证券市场目前存在的主要问题包括投资者结构失衡、个人投资者羊群效应、监管制度存在缺陷、信息披露不完整等，这些都影响了证券市场推动我国经济增长的有效性。

第四，保费收入与 GDP 的比值系数估计值为正且显著，说明保费收入的增加对于全国经济增长有着正向作用。通过 SYS-GMM 模型得到的回归值可以看出，保费收入与 GDP 的比值增加 1 个百分点，可使全国人均 GDP 增加 0.014 个百分点，也就是说，保费收入的增加事实上加速了经济的发展。这主要是因为，保险业的资金对于流动性的需求相对较小，因而可以进行长期投资，获得更高的投资收益。与此同时，保险业的发展可以分散实体经济在生产经营过程中产生的风险，从而为经济建设和金融行业保驾护航。但是采用不同方法获得的结果并不稳健，这主要是因为国内保险行业发展不均衡造成的（邵全权，2012）。相对于财险行业，寿险行业发展更加快速，发展质量更高，可以与经济之间产生良性互动，互相促进；而财险行业发展较为落后，对经济的影响并不明显。

第五，外商投资额与 GDP 的比值系数估计值为正且显著，说明外商投资的增加对于全国经济增长有着正向作用。通过 SYS-GMM 模型得到的回归值可以看出，外商投资额与 GDP 的比值增加 1 个百分点，可使全国人均 GDP 增加 0.005 个百分点，也就是说，外商投资的增加推动了经济的发展。这是因为，外商投资不仅为国内企业带来了急需的金融资源，同时也带来更加先进的经营管理理念和生产技术，大大提高了当地的生产技术水平，这对于还处于发展中的经济体有着巨大的推动作用。除此之外，外商投资使用效率更高，外商投资由资金所有人直接控制，不受政策等因素的影响，无论是运转效率、投资回报还是流动速度都快于银行贷款。外商投资可以将其资金集中于社会生产边际效益最高的部门，在获取较高收益的同时，也促使高收益部门不断扩张，对实体经济产生正面效应。

第六，对于其他控制变量，从实证结果可以看出，资本形成率、经济开放程度、CPI 指数、地方社会平均工资等指标的改善有利于人均 GDP 的提升，对于经济发展起到正向作用。政府财政支出对于经济的影响则为负向，会减缓经济的增长。

（二）各区域实证结果与分析

在对全国层面金融资源与经济增长之间的关系进行探究之后，为了更加深入地研究我国东、中、西部区域之间金融资源对经济增长影响的特点和差异，我们选择各区域为研究目标，采用 SYS-GMM 方法分别对东、中、西部三个区域构成的动态面板数据模型子集进行估计，估计结果见表 7-14。

表 7-14 金融资源配置对经济增长影响的各区域估计结果

因变量	lnGDP			
地区	全国	东部	中部	西部
估计方法	SYS-GMM	SYS-GMM	SYS-GMM	SYS-GMM
lnrbank	-0.121***	-1.002*	0.467*	-0.366**
	(0.026)	(0.514)	(0.259)	(0.143)
lnrstock	0.009***	0.034**	0.004	-0.002
	(0.002)	(0.016)	(0.003)	(0.002)
lnrinsurance	0.014**	-0.020	0.200**	0.672***
	0.007 ( )	(0.125)	(0.082)	(0.205)
lnrfdi	0.005*	-0.198	-0.900	0.142*
	(0.007)	(0.310)	(0.219)	(0.232)
lnrk	0.064***	0.943	-1.056	-0.538
	(0.015)	(0.607)	(0.286)	(0.129)
lnropen	0.006	-0.027	0.083	0.041
	(0.009)	(0.173)	(0.035)	(0.076)
lnrfs	-0.062***	0.401	0.471**	-0.425
	(0.019)	(0.279)	(0.214)	(0.282)
lncpi	1.212***	-0.218	0.866	0.874***
	(0.107)	(0.367)	(0.167)	(0.229)
lnwage	0.083	0.435	0.399***	-0.381
	(0.063)	(0.571)	(0.094)	(0.594)
L. lnGDP	0.903***	0.308***	0.516***	1.460***
	(0.054)	(0.359)	(0.121)	(0.553)
变量数	295	119	90	89
AR (1)	0.002	0.001	0.096	0.073
AR (2)	0.606	0.287	0.187	0.295
Sargan 检验	0.974	0.464	0.415	0.687

注：*** $p<0.01$，** $p<0.05$，* $p<0.1$

根据表 7-14 的估计结果分析可得如下结论。

第一，滞后一年的人均 GDP 增长率系数对于东、中、西部的估计值均为正且显著。这说明上一年度的人均 GDP 对当年区域经济增长有显著正向作用，表明上一年度的人均 GDP 每增加 1 个百分点，可使东部地区人均 GDP 增长 0.308 个百分点、中部地区人均 GDP 增长 0.516 个百分点、西部地区人均 GDP 增长 1.460 个百分点。这种正向作用，在西部地区最大且高于全国水平，中部地区次之，东部地区最小。

第二，银行贷款与 GDP 的比值系数对于东部与西部地区估计值为负且显著，这说明银行贷款的增加对于当地经济增长有负向作用；而对于中部地区的估计值则为正，银行贷款的增加对于当地经济增长有着正向作用。通过 SYS-GMM 模型得到的回归值可以看出，银行贷款额度与 GDP 的比值增加 1 个百分点，可使东部地区人均 GDP 减少 1.002 个百分点、中部地区人均 GDP 增加 0.467 个百分点、西部地区人均 GDP 减少 0.366 个百分点，也就是说，银行贷款的扩张事实上减缓了东部与西部地区经济的发展，却加快了中部地区的经济发展。究其原因，这与我国经济发展不平衡有着很大的关系。对于东部地区来说，整体经济发展程度较高，金融资源总量相较于中、西部地区是最多的，如果继续对贷款需求有限的企业分配更多的信贷资源，则会造成资金空转，出现利用效率较低的问题。对于西部地区来说，因为其金融运行效率过低，国有商业银行作为西部地区的主要融资渠道，缺乏来自其他股份制商业银行与地方城商行的竞争，国有银行一家独大的情况造成了信贷资源运行效率低下，导致信贷资源的增加无法推动西部地区经济增长。中部地区的发展水平低于东部地区但高于西部地区，中部国有银行和地方城商行充分参与市场竞争，为了与大型金融机构竞争，中小型银行会根据企业经营特点有针对性地满足不同的融资需求，从而使信贷资源的增加推动了当地经济的发展。同时，林毅夫（2006）也提出，对于我国来说，无论选取哪个银行代表变量，银行规模的增加都与整体经济增长呈负相关关系。对于大企业占比高的省份和地区来说，经济增长与银行规模呈正相关关系；对于中小企业占比高的省份和地区来说，经济增长与银行规模呈负相关关系。

第三，证券市场融资额与 GDP 的比值系数对于东部地区估计值为正且显著，说明证券市场融资额的增加推动了东部地区经济增长。SYS-GMM 模型的实证结果显示，证券市场融资额与 GDP 的比值增加 1 个百分点，可使东部地区人均 GDP 增加 0.034 个百分点，也就是说，证券市场融资额的增加事实上加速了东部地区经济的发展。这主要是因为东部地区民营企业数量较多且经营灵活，积极参与上市融资，降低了融资成本，提高了企业资金运行效率，从而使证券市场融资对东部地区的经济发展产生了推动作用。

第四，保费收入与 GDP 的比值系数对于中部地区与西部地区估计值为正且显著，说明保费收入的增加对于中部地区与西部地区经济增长有着正向作用。通过 SYS-GMM 模型得到的回归值可以看出，保费收入与 GDP 的比值增加 1 个百分点，可使中部地区与西部地区人均 GDP 增加 0.200 和 0.672 个百分点，也就是说，保费收入的增加事实上加速了中部地区与西部地区经济的发展。究其原因，保险业在中西部地区企业经营的过程中帮助企业分散了面临的风险，企业得以平稳快速发展，推动了经济的发展。

第五，外商投资额与 GDP 的比值系数对于西部地区估计值为正且显著，说明外商投资的增加对于当地经济增长有着正向作用。通过 SYS-GMM 模型得到的回归值可以看出，外商投资额与 GDP 的比值增加 1 个百分点，可使西部地区人均 GDP 增加 0.027 个百分点，也就是说，外商投资的增加事实上加速了西部地区的经济的发展。这主要是因为外资的进入为相对落后的西部地区工业带来了先进的技术与管理，进而提升了西部地区的经济增长水平。

四、金融资源配置对产业升级的实证结果与分析

探究了金融资源与经济增长之间的关系之后，为了更加深入地了解我国东、中、西部区域金融资源对其产业升级影响的特点和差异，我们选择各区域为研究目标，采用 SYS-GMM 方法分别对全国和东、中、西部的动态面板数据模型进行估计，估计结果见表 7-15。

表 7-15 金融资源配置对产业升级影响的各区域估计结果

因变量	lnTS			
地区	全国	东部	中部	西部
估计方法	SYS-GMM	SYS-GMM	SYS-GMM	SYS-GMM
lnrbank	0. 318 ***	0. 352 ***	0. 454 ***	0. 176 **
	(0. 033)	(0. 099)	(0. 128)	(0. 075)
lnrstock	-0. 018 ***	-0. 020 ***	-0. 018 *	0. 003
	(0. 008)	(0. 007)	(0. 011)	(0. 008)
lnrinsurance	0. 087 ***	0. 102 *	-0. 129	-0. 015
	(0. 032)	(0. 040)	(0. 054)	(0. 049)
lnrfdi	0. 006	-0. 012	0. 012	0. 089 **
	(0. 009)	(0. 018)	(0. 060)	(0. 039)
lnrk	-0. 181 ***	-0. 196 ***	-0. 031	-0. 099
	(0. 061)	(0. 078)	(0. 094)	(0. 074)
lnropen	0. 020 **	-0. 034	-0. 041	0. 005
	(0. 011)	(0. 022)	(0. 025)	(0. 020)
lnrfs	0. 170 ***	0. 031	0. 027	0. 039
	(0. 026)	(0. 061)	(0. 146)	(0. 057)
lncpi	-2. 057 ***	-1. 081 ***	-0. 673	-1. 969 ***
	(0. 242)	(0. 331)	(0. 530)	(0. 393)
lnwage	-0. 020	0. 331	-0. 028	0. 149
	(0. 032)	(0. 048)	(0. 082)	(0. 047)
L. lnTS	0. 789 ***	0. 842 ***	0. 838 ***	0. 818 ***
	(0. 033)	(0. 060)	(0. 093)	(0. 069)
变量数	295	119	90	89
AR (1)	0. 003	0. 031	0. 055	0. 000
AR (2)	0. 158	0. 903	0. 103	0. 917
Sargan 检验	0. 996	0. 253	0. 708	0. 259

注：*** $p<0.01$，** $p<0.05$，* $p<0.1$

根据表 7-15 的估计结果分析可得如下结论。

第一，滞后一年的产业优化程度系数对于东、中、西部的估计值均为正且显著，说明上一年度的产业优化程度对当年产业优化有显著正向作用。这表明上一年度的产业优化指数每增加 1 个百分点，可使全国产业优化指数增长0.789 个百分点，使东部地区产业优化指数增长0.842 个百分点、中部地区产业优化指数增长 0.838 个百分点、西部地区产业优化指数增长 0.818 个百分点。

第二，银行贷款与产业优化程度的比值系数对于全国的估计值为正且显著，说明银行贷款的增加对于全国产业结构优化有着正向作用；对于东、中、西部地区估计值为正且显著，说明银行贷款的增加对于当地产业结构优化有着正向作用。通过 SYS-GMM 模型得到的回归值可以看出，银行贷款额度与产业优化程度的比值每增加 1 个百分点，可使全国产业优化程度增加 0.118 个百分点、东部地区产业优化程度增加 0.352 个百分点、中部地区产业优化程度增加0.454 个百分点、西部地区产业优化程度增加0.176 个百分点，也就是说，银行贷款的扩张事实上推动了东、中、西部地区产业的优化。这与我国现阶段经济发展特点有着很大的关系，从全国看，信贷的增长使市场中的资金量增加，实际上促进了资本的积累，为产业升级提供了基础，推动产业整体走向高级化。一直以来，国内的融资渠道以银行信贷为主，企业与银行之间实际上存在长期合作关系，这降低了银行的信息搜集成本，在一定程度上减少了信息不对称。银行与企业的长期合作也使企业可以更加专注于技术创新和产业升级。对于我国东、中、西部地区来说，银行拥有最为成熟的执行机制和信息优势，能够合理地控制风险，降低融资成本，助推转型升级。

第三，证券市场融资额与产业优化程度的比值系数对于全国估计值为负且显著，对于东部地区和中部地区估计值为负且显著，说明证券市场融资额的增加对于国内产业结构优化有着负向作用，对东部和中部地区的产业结构优化的作用也为负向的。通过 SYS-GMM 模型得到的回归值可以看出，证券市场融资额与产业优化程度的比值每增加 1 个百分点，可使全国产业优化程度减少 0.018 个百分点、东部地区产业优化程度减少 0.020 个百分点、中部地区产业优化程度减少 0.018 个百分点，也就是说，证券市场融资额的增加事实上减缓了东、中部地区产业的优化。首先，我国的证券市场目前还存在着一定的问题，如法律法规不完善、投资者羊群效应、地区问题对股市造成冲击等，股票市值经常产生大幅波动，造成企业融资困难。其次，对于资金的监管是一大难题。个别上市公司从市场筹资后，没有用于企业发展与扩张，而是进行金融投资和购置不动产，这将使证券市场无法对产业升级产生推动作用。

第四，保费收入与产业优化程度的比值系数对于全国估计值为正且显著，对于东部地区的结果为正且显著，说明保费收入的增加对于全国产业结构优化有着正向作用。通过 SYS-GMM 模型得到的回归值可以看出，保费收入与产业优化程度的比值增加 1 个百分点，可使全国产业优化程度增加 0.087 个百分点，东部地区产业优化程度增加 0.102 个百分点，也就是说，保费收入的增加事实上加速了我国及东部地区产业的优化。其原因在于，企业进行科技创新、产业升级时承担着巨大的风险，攻关失败往往会给企业带来难以承受的巨大损失，使经营陷入困境。保险企业可以分担企业科技创新中的风险，对产生损失的企业进行保险补偿，解除企业科技创新的后顾之忧，进而加快科研进步，推动产业发展。

第五，外商投资额与产业优化程度的比值系数对于西部地区估计值为正且显著，说明外商投资的增加对于当地产业结构优化有着正向作用。通过 SYS-GMM 模型得到的回归值可以看出，外商投资额与产业优化程度的比值增加 1 个百分点，可使西部地区产业优化程度增加 0.089 个百分点，也就是说，外商投资的增加事实上加速了西部地区产业的优化。这主要是因为在西部地区产业发展的初期，外商直接投资可以提供充足的资金，对产业生产设备完成更新改造，并通过技术外溢效应推动产业结构优化、发展；随着产业结构的改善，经济会进一步发展，地区市场需求被激发，将再次促进产业结构的优化。所以，提高实际利用外资数量，有利于西部地区产业优化。

五、小结

为了确保估计结果的准确性，我们首先使用 OLS 法对面板数据进行回归并作为参考系，进一步使用工具变量法、系统广义矩估计法（SYS-GMM）来对面板数据进行回归，保证动态面板数据的合理性和工具变量的有效性。通过比较实证方法我们发现，使用动态面板数据可以有效地消除数据存在的内生性问题，更加适合我们的模型。最终，我们使用 GMM 法建立动态面板数据所得的结果来解释金融资源与经济发展之间存在的数量关系。总体上可以认为，金融资源在不同地区配置产生的效果是不同的，且金融资源配置差异对于经济发展的差异、与产业升级的进程之间的关系是可以进行解释的。

第五节 研究结论和政策建议

一、研究结论

第一，中国区域金融资源配置对经济发展（经济增长与产业升级）有着显著的影响。我们根据国内 31 个省、市、自治区 2006—2016 年的经济指标，即国内生产总值及银行贷款、证券融资额、保费收入、外商投资这四种核心金融资源指标，通过对其进行整理、实证分析和分组对比，发现中国区域金融资源配置对经济发展（经济增长与产业升级）有着显著的影响。

第二，四种核心金融资源对经济发展的影响并不相同，是有明显差别的。银行贷款的扩张有利于产业的优化升级，对经济增长的推动不大；证券市场的发展对于经济增长有利，却对产业优化升级作用不大；保险业的发展有利于经济增长与产业升级；外商投资的增加对于经济增长有着正向的推动作用。

第三，四种核心金融资源对经济发展的影响存在区域差异。具体而言，这种影响在东、中、西部地区有一定差异。我们的研究表明，同种金融资源在不同地区对经济发展（经济增长与产业升级）造成的影响是有差异的，存在较为复杂的关系。我们应当在经济建设中结合当地实际情况，因地制宜地发展金融业。

二、政策建议

我们研究了金融资源配置对经济增长与产业升级的影响，发现东、中、西部地区金融资源配置状况对经济发展与产业升级的影响有着较大的差异，我们需要因地制宜地确立区域金融资源优化战略，并制定相关政策。

第一，充分重视金融资源对我国经济发展的巨大作用，通过合理的金融资源配置，不断促进我国经济高速发展，实现东、中、西部地区协调共进。从实证结果及前人文献可以看出，由于政策等因素影响，各区域之间发展状况存在巨大差异，并不是所有区域都适合全面发展金融业。在经济建设过程中，需要结合当地实际，因地制宜地发展金融业，寻找稳定可靠的盈利模式，将投资风险降至最低，保证资金的安全。同时，尽可能合理地分配金融资源，尊重市场规律，促使金融结构合理化，进而推动经济增长。

第二，提高银行配置效率，合理扩张信贷规模。银行应当以战略发展的思维来面对市场，在合理的信贷监督管理制度的辅助下，针对民营中小型企业的实际贷款需求和各地方发展的资金需求，合理分配金融资源。降低中小企业的贷款门槛，大力发展普惠金融，放宽对民营企业的贷款条件，根据实际情况提高贷款额度，降低小微企业的利率水平，并加强对优质项目的信贷支持。同时，加快银行自身的技术创新，完善管理制度，让社会资金充分参与经济生产过程。具体到东、中、西部地区，对金融资源非常丰富的东部地区，应当将银行贷款扩张控制在合理的范围之内，更加合理地配置金融资源；对于中部地区，可以对信贷资源进行扩张，提高当地金融资源总量，鼓励中小型金融机构的成长，满足发展过程中不同层次的融资需求；对于西部地区，应提高银行业的运行效率，引进更多的股份制银行与地方城商行参与竞争，满足西部地区企业的融资需求。

第三，挖掘证券市场潜力。目前来看，我国证券行业还有很大的发展空间，应深入挖掘证券市场潜力。针对区域证券业的发展实际，推出适合的指导政策，加强监管证券市场，引导资金合理配置。为社会资本参与企业上市直接融资营造公平良好的金融环境，帮助优秀企业控制资金成本，打开融资渠道。推动全国证券平台的建设，让更多社会资本参与到优秀企业的融资进程中来。引导更多金融资源进入证券市场。对于金融资源和经济发展水平都领先的东部地区来说，应当在市场机制较为健全的基础上，大力发展科创板块，为更多高新技术企业创造上市条件，提高直接融资比重，降低资金成本，提高使用效率。

第四，提高保险产业竞争力。前面的实证研究结果表明，我国保险业发展对区域经济增长与产业升级有着显著的正面效应，我国保险行业带动区域经济发展的空间还非常大。在政策方面，我们应当鼓励保险创新，出台符合市场实际情况的法律法规，引导各区域专属保险机构发展。保险企业应当针对当地社会经济生产的实际需求，推出相应的保险产品，服务当地经济增长，推动产业创新，不断提高保险业核心竞争力。对于正在快速发展的中、西部地区，保险行业的增长有助于加快金融产品创新，健全金融市场，保护地方产业发展。当地应积极扩展业务范围，推出适合农村地区的保险业务，建立多层次的农村金融服务项目，有效吸引金融资源，提高金融资源的利用效率。

第五，积极引导外商投资。我国可以通过企业跨国购并、股权交易等新的投资方式引入外商投资，鼓励外商尤其是大型跨国公司进入中国并购投资，参与中国企业的发展。开放外商投资可以带动本国对外贸易的发展，增加社会就业总量，推动产业升级，对我国经济平稳增长做出贡献。同时，引入外商投资也有利于我国金融制度、法律法规和商业环境的优化，推动金融整体环境的进步。如果想要吸引外商投资流入，需要不断加强对外开放，减少对外商投资的干预，消除贸易保护主义，促进市场公平竞争。要以市场化的方式运作，创造良好的投资环境，引导资金充分发挥资源配置、提供流动性等职能，促进外商投资与本国金融系统和谐联动，为经济增长与产业发展提供动力。对于产业结构相对落后的西部地区，引入外商投资，既可以提升地区金融资源总量，又可以加快地区产业升级，促进西部地区经济不断发展。

第八章 “一带一路”区域金融资源配置及其经济影响

“一带一路”倡议是我国在新时代背景下提出的一项重大举措。“一带一路”涉及欧亚大陆众多国家和地区，合作形式多种多样，金融作为推动经济发展的重要动力，其作用不可忽视。

本章首先梳理“一带一路”沿线中的53个国家和地区2006—2015年的经济指标，包括GDP和银行贷款总额、外商投资、证券交易额、保费收入等核心金融资源指标，并运用这些指标建立模型，进行实证分析，探索“一带一路”区域金融资源配置及其经济影响的规律。然后结合实证结论，系统地分析现阶段“一带一路”区域在金融发展和经济增长方面存在的问题，并提出有针对性的对策建议。

第一节 “一带一路”：中国经济与金融版图的新支点

一、研究背景

西汉年间，张骞受汉武帝之命出使西域，历经十余载艰辛跋涉，开拓了一条新的道路，拉开了经济交流的大幕。德国地理学家里奇霍芬在他的专著《中国》中首次使用“丝绸之路”来描述这条穿越欧亚大陆的贸易道路。他提出，人类自古以来各个文明之间都存在着各种各样的经济文化往来，沿途的各个国家都置身其中并依靠其兴旺发达，“古丝绸之路”就是东西方文化经济交流的媒介。中国提出“一带一路”倡议，是对“古丝绸之路”的继承和发扬，将沿线国家和地区联系起来，共同致力于经济发展。

“一带一路”倡议的目的在于推动沿线各个国家和地区经济、资源、市场的交流与融合，推动大范围、高水平、深层次的国际间合作，共同构建开放包容的区域经济合作结构。这项举措关乎“一带一路”沿线国家和地区的经济社会发展可持续性，而金融在其中占有十分重要的地位。在“一带一路”建设中进行资源配置，金融是高效工具，可有效提升沿线国家和地区资源配置效率，减少资源浪费，对于“一带一路”沿线国家和地区经济发展具有重要意义。金融是经济运行的血液，金融效率事关全局。“一带一路”沿线国家和地区金融总量虽不断增加，但各个区域之间金融发展并不均匀，需要着力提升金融资源分配的效率与质量，减少金融资源浪费，培育区域金融实力，为“一带一路”建设提供更加有效的支持。

从图 8-1 可以看出，“一带一路”沿线国家和地区 GDP 自 2006 年以来逐年升高。2015 年，中国 GDP 达到了 11 万亿美元，远高于“一带一路”沿线其他国家和地区。

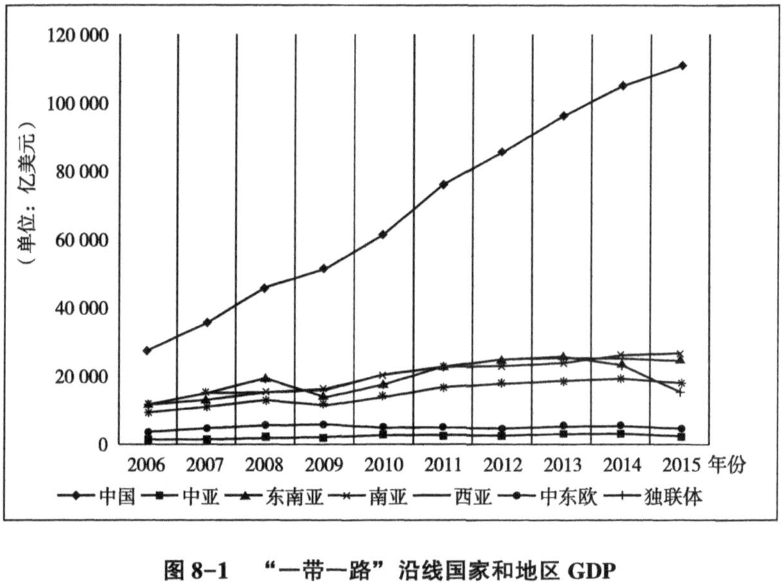

图 8-1　“一带一路”沿线国家和地区 GDP

数据来源：世界银行（2006—2015 年）

从图 8-2 中可以看出，中国金融资源总量以及增长速度远超“一带一路”沿线其他国家和地区。另外，“一带一路”其他国家和地区的金融资源较为薄弱，中国作为“一带一路”建设的主导国家，金融资源聚集的程度不断加强。

同时，“一带一路”沿线其他国家和地区金融资源增长幅度十分有限。

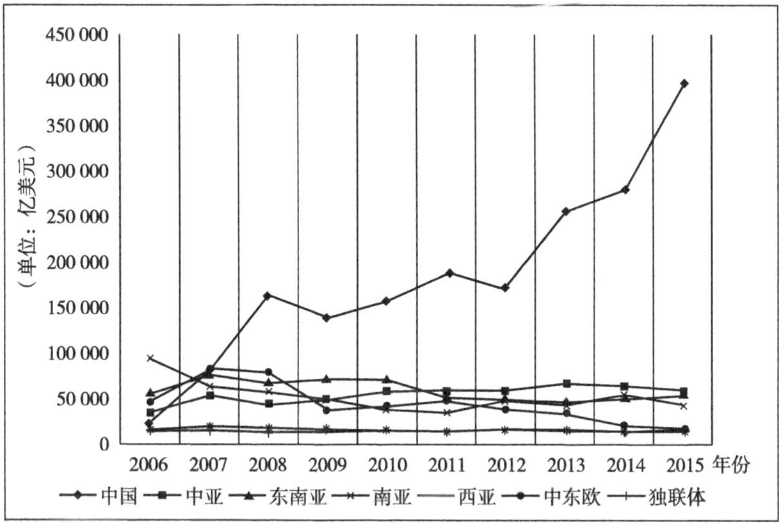

图 8–2 “一带一路”沿线国家和地区金融资源总量

数据来源：世界银行（2006—2015 年）

在这样的背景下，我们研究“一带一路”区域金融资源配置问题就具有更加重要的理论与现实意义。

二、研究意义

（一）理论意义

在理论界，金融发展与经济增长之间的内在关系一直是学者研究的重点问题。许多学者认为，发展金融机构、金融企业、金融市场以及提高资本利用效率是促进经济增长的有效途径，但是关于金融发展对经济增长的实际影响如何，尚未形成一个统一的结论。

我们认为，金融资源是金融产业聚集后形成的，这种资源内化于经济之中，是经济发展的内生动力。本章将运用金融资源系统与金融结构效率理论研究“一带一路”沿线国家和地区金融资源配置问题，提出相关建议：金融资源优化应当注重金融资源的结构优化，注重金融、经济两大系统的和谐运行和金融系统可持续发展，提升金融资源配置方式和效率资源；研究“一带一路”沿线国家和地区经济发展状况、金融资源支持产业发展的方式，进而推动金融业可持续发展。

（二）现实意义

“一带一路”涉及国家和地区众多，各地之间存在巨大的差异，“一带一路”经济建设运行过程中，虽沿线国家和地区经济总量不断增长，但出现了区域之间经济发展不平衡等问题。金融作为经济发展运行的枢纽，对“一带一路”建设至关重要。在此背景下，我们需要深刻认识“一带一路”区域金融发展现状，制定符合“一带一路”沿线区域实际情况的金融发展战略，促进区域之间协调发展，实现共同繁荣。

三、研究内容

本章从金融资源的视角，解析“一带一路”沿线主要国家和地区金融发展的现状，分析现有金融资源聚集量和金融资源配置合理程度，寻找加强各国和地区金融服务能力、推动金融可持续发展的可行之路。本章主要内容如下。

第二节：“一带一路”区域金融资源配置对经济影响的实证分析。我们引入面板数据，实证分析在“一带一路”区域金融资源配置（金融结构）与当地经济增长之间的关系。研究的因素和时间区间选择充分考虑了数据可得性等问题，使得本实证分析的结果具有较强的参考价值。

第三节：结论与建议。我们依据“一带一路”沿线国家和地区金融资源现状，结合其金融资源配置对经济影响的实证结果，针对“一带一路”区域金融资源的发展提出有针对性的政策建议。

第二节 “一带一路”区域金融资源配置对经济影响的实证分析

一个国家经济的增长与该国金融资源的增长是互相影响的。金融资源的配置功能会使资金从富余的部门通过低成本的方式流向有资金需求的部门，使收益好的部门得到更多的金融资源，优化资源的分配，以推动经济的发展。与此同时，随着一国经济的增长，其国内生产总值与社会总需求快速扩大，对金融资源的需求增加，会吸引更多的金融资源进入，经济与金融互相推动，形成良性循环。

为了更加客观、真实、准确地描述“一带一路”区域国家和地区金融资源情况，本章根据金融资源学理论，提取一些标准化的金融资源因素指标，研究金融系统，得出某国和地区经济发展的统计学结果。这样做可以探求影响“一带一路”沿线各区域金融资源聚集情况的量化指标，以反映“一带一路”沿线区域金融资源对经济的影响。只有真正了解了“一带一路”沿线区域金融资源的实际情况、找出真正适合该区域的金融资源配置方式，才能够高效利用金融资源，实现经济发展。

我们以地理位置分组，考察区域经济体金融资源配置水平，选取实体性中间资源作为研究指标。此外，本章实证研究主体为“一带一路”区域内的各个国家和地区，以国家和地区作为经济体单位，可以得到长期且稳定的金融资源数据，通过一定时间区间内的数据，可以反映金融以资源的形式不断积累与优化的过程。同时，以地区为划分标准对国家和地区进行分类，可以得到不同区域国家和地区所拥有的金融资源数量、金融资源发展状况，为之后的金融资源优化研究打下基础。

一、变量与样本的选取

（一）变量的选取

本章将对金融资源与经济发展之间的关系进行实证研究。金融资源的很多指标同当地人口等因素无显著关系，且金融资源有着高流动性、广泛性等特征，因此本章选取 GDP 作为模型的被解释变量，而未选取人均 GDP 等指标。对各国所在区域的划分，参照世界银行的划分依据进行分组。

对于解释变量的选取，我们寻求有代表性的指标作为解释变量，解释变量应当满足以下条件：①指标组合系统化。选取的变量不但应属于金融资源系统，同时还要属于同一个层次的金融资源，变量之间互相关联又相互独立。②指标标准化。这是数据选取用于实证检验的基础。

基于此，本章研究聚焦于金融资源结构效率。金融资源结构效率是一个国家和地区通过法律形式和经济规律确定的金融资源结构，以及这一系统中各种资源要素发生的作用和相互之间的关系，它体现出金融作为一种资源从开发到配置的结构安排。但不是所有指标都可以用于量化分析的，如金融监管体系就难以量化。由于数据获取途径有限，且可量化的指标未必都能获得足够的实证数据，因此根据前面提到的两大原则，我们将解释变量锁定在金融业务体系上，从银行、证券、保险业中选取具有代表性的指标当作解释变量，研究其与 GDP 之间的数量关系。世界上绝大多数国家和地区都是开放的经济主体，金融资源在国家和地区之间的流动是一种非常重要的指标，因此，我们在金融资源的计量分析中，选取以下四个指标代表核心金融资源：

银行部门国内信贷（Rm），即国内商业银行对社会提供贷款的总量，中央政府信贷除外，以净额计算，按现价美元计算。

股票交易总额（Rc），指一定时期内股票交易总额。该指标可体现出证券市场规模是否与经济规模相匹配，从而对“股票市场发达程度”这一指标作出补充，按现价美元计算。

保费收入（Ri），根据世界银行相关指标的定义，保险收入仅包括出口货物的货运保险以及人寿保险等其他直接保险，按现价美元计算。

外国直接投资（Rf），指一国的投资者为了获得另一经济体中某一企业的永久性管理权和收益权所进行的投资。该指标扣除了外国资本流出额，为一国收到的所有来自国外投资的净流入的总和，按现价美元计算。

（二）样本的选取

如果将样本依照一国所在区域分组对比研究，可以非常直观地显示金融资源各解释变量在该区域的聚集特征，本章参照世界银行的地域划分标准，将“一带一路”沿线各个国家和地区划分为七个区域：中国、中亚、东南亚、南亚、西亚、中东欧、独联体。并在考虑各个国家经济特点、各项金融数据的完整性等多个因素后，最终对“一带一路”沿线国家和地区进行划分，如表 8-1 所示[①]。

---

① 任广乾，刘莉．“一带一路”沿线国家金融效率综合评价［J］．经济地理，2018，38（6）：109-116.

表 8-1 “一带一路”沿线国家和地区分组

区域	国家和地区
中国	中国
中亚	哈萨克斯坦 乌兹别克斯坦 土库曼斯坦 塔吉克斯坦 吉尔吉斯斯坦 蒙古
东南亚	新加坡 马来西亚 印度尼西亚 缅甸 泰国 老挝 柬埔寨 越南 菲律宾
南亚	印度 巴基斯坦 孟加拉国 阿富汗 斯里兰卡 尼泊尔 不丹 马尔代夫
西亚	约旦 黎巴嫩 以色列 沙特阿拉伯 也门 阿曼 阿联酋 巴林 埃及
中东欧	波兰 立陶宛 爱沙尼亚 拉脱维亚 捷克 斯洛伐克 匈牙利 克罗地亚 波黑 黑山 塞尔维亚 罗马尼亚 保加利亚 马其顿
独联体	俄罗斯 乌克兰 白俄罗斯 摩尔多瓦

资料来源：中国“一带一路”网

时间跨度方面，考虑到“一带一路”倡议提出和建设时间，以及沿线国家和地区对于金融资源的实际拥有量，本章将时间区间确定在 2006—2015 年，在这一时间段内，世界经济发展平稳，虽经历一定的波动，数据量相对充足完整。

二、模型的设计

（一）研究目标

我们使用代表各国核心金融资源和经济发展状况的数据，进行面板数据的实证研究，根据各国和地区所在地理位置的不同分为七个区域，研究不同区域国家核心金融资源与经济发展之间的量化关系，对金融资源发展的程度进行探索。

（二）数据来源

本章实证研究的所有数据均来源于世界银行数据库，但保费收入数据的时间段仅为 2006—2015 年，无法得到 1993—2005 年的数据，因此保费收入的实证结果有效性可能稍弱。

（三）拟解决问题

第一，“一带一路”区域国家和地区的金融资源配置与经济增长间是否存在长期稳定的协整关系。

第二，金融市场发展各项指标与经济增长是否存在线性关系。

第三，“一带一路”区域国家和地区金融资源配置对经济增长的影响方式是否相同，是否存在区域的差异性。

（四）模型设定

被解释变量：国内生产总值（GDP）。

解释变量：银行部门国内信贷（Rm）、股票交易总额（Rc）、保费收入（Ri）、外国直接投资（Rf）。

为了简化解释变量与被解释变量之间的数量关系，进行对比分析，减少数据异方差等，我们对各个变量作取对数处理。本章进行面板数据分析的模型如下：

$$\ln GDP_{it} = \alpha + \beta_1 \ln Rm_{it} + \beta_2 \ln Rf_{it} + \beta_3 \ln Rc_{it} + \beta_4 Ri_{it} + \mu_{it}$$

其中，α 为截距项，i 代表截面个体，t 为时期，μ_{it}为随机误差项。β_1表示国内贷款的影响系数，β_2表示外商投资额的影响系数，β_3表示证券市场交易额的影响系数，β_4表示保费收入的影响系数。

三、实证检验

本章选取 2006—2015 年“一带一路”沿线 53 个国家和地区的金融经济数据作为模型变量，一共 2 650 个数据，数据的描述性统计如表 8-2 所示。

表 8-2　经济变量描述性统计　　（单位：美元）

变量	平均值	标准差	最大值	最小值
GDP	2. 14E+12	2. 37E+12	1. 11E+13	1. 07E+11
银行部门国内信贷	1. 34E+10	2. 01E+10	6. 82E+10	-6. 46E+10
外国直接投资	7. 09E+10	7. 00E+10	2. 91E+11	7. 14E+09
证券市场交易额	1. 81E+12	5. 11E+12	3. 93E+13	5. 26E+08
保费收入	5. 58E+09	6. 72E+09	2. 95E+10	52 883 093

数据来源：根据世界银行 2006—2015 年数据整理得到

（一）对各变量进行平稳性检验

使用 Eviews8 统计分析软件，分别对被解释变量和各项解释变量进行单位根检验，结果如表 8-3 所示。

表 8-3 单位根检验

序列	ADF	PP
DlnGDP	38.0748***	35.9261***
DlnRm	29.4380***	59.4294***
DlnRf	22.5383*	48.9137***
DlnRc	48.6416***	67.5805***
DlnRi	26.5766**	39.6047***

注：*、**、*** 分别表示在 0.1、0.05、0.01 水平上显著

单位根检验的原假设是所测的变量数据非平稳，实证检验结果显示在 90%的置信区间水平下，各个变量的 ADF 与 PP 检验值均拒绝原假设，金融资源相关的各个变量均通过了单位根检验，说明选取的各个变量的数据都是平稳的。

（二）对各变量进行协整检验

由于选取的解释变量和被解释变量在进行单位根检验时证明为同阶单整，因此我们将对模型的变量之间是否存在长期稳定的关系进行检验，即协整检验（见表 8-4）。

表 8-4 协整检验

检验方法	检验统计量	检验结果
Kao	ADF	-1.379 774*
Pedroni	Panel v-Statistic	5.595 504***
	Panel rho-Statistic	2.946 165
	Panel PP-Statistic	-1.899 618**
	Panel ADF-Statistic	-1.330 461*
	Group rho-Statistic	3.918 059
	Group PP-Statistic	-6.494 297***
	Group ADF-Statistic	-2.784 326***

注：*、**、*** 分别表示在 0.1、0.05、0.01 水平上显著

如表 8-4 所示，无论是 Pedroni 检验和还是 Kao 检验都拒绝原假设：选取的变量之间没有协整关系。检验说明被解释变量及其解释变量之间存在长期

稳定的关系。

（三）选取面板数据回归模型

在完成了以上数据检验工作之后，接下来进行面板数据回归模型的选取。使用随机效应回归模型进行回归，并利用 Hausman 检验验证随机效应模型是否匹配该模型。Eviews8 软件中 Hausman 检验的原假设是选择采用随机效应模型，检验结果见表 8-5。

表 8-5　Hausman 检验

Test Summary	Chi-Sq. Statistic	Prob.
Random	43. 853 682	0. 000 0

由检验结果可以发现，在 95%的置信度水平下，Hausman 检验拒绝了建立随机效应模型的原假设，所以我们尝试采用固定效应模型。为了进一步验证固定效应模型的合理性，采用 *F* 检验确定选用混合模型或者固定效应模型，*F* 检验结果见表 8-6。

表 8-6　*F* 检验

Effects Test	Statistic	Prob.
F	19. 883 668	0. 000 0
Chi-square	75. 107 617	0. 000 0

（四）对变量进行回归，确认其结果有效

我们可以发现，*F* 检验 *P* 值为 0，模型将采用个体固定效应模型。协整检验证明变量之间存在着长期稳定关系，因此可以对变量进行回归，其结果是有效的。为了便于比较，我们使用多元线性回归对各个区域的数据进行回归分析，得到的结果如表 8-7 所示。

表 8-7　回归结果

区域	*Rm*	*Rf*	*Rc*	*Ri*	R^2
中国	-0. 093 548***	0. 201 961***	0. 052 177***	0. 494 491***	0. 993 575
中亚	-0. 880 223***	0. 486 591***	-0. 244 085***	-0. 121 867	0. 825 693

续表

区域	Rm	Rf	Rc	Ri	R^2
东南亚	0. 045 894***	0. 022 330	0. 324 200***	0. 479 853***	0. 979 170
南亚	0. 028 484	0. 066 384	-0. 045 041	0. 773 210***	0. 870 371
西亚	-0. 042 244***	-0. 617 140***	0. 190 711***	0. 188 996***	0. 908 919
中东欧	0. 004 442	-0. 017 787	0. 019 821	0. 201 473***	0. 840 506
独联体	0. 192 356***	0. 300 957	-0. 294 790***	0. 420 590***	0. 862 022

注：*、**、*** 分别表示在 0. 1、0. 05、0. 01 水平上显著

四、实证结果分析

（一）经济意义解释

从经济意义的角度来观察这七组 28 个解释变量，我们可以发现，变量有正有负，这说明国内信贷额、股票市场交易额、保费收入和外国直接投资额对国内生产总值产生的影响有差异，四个指标的增长对于各个地区经济发展的作用是不一样的。

由于所有变量都经过了对数化处理，每项金融资源解释变量的系数的含义都属于变化率，以中国的国内信贷额为例，其经济含义为国内信贷额（Rm）每增加 1%，将会导致中国国内生产总值（GDP）减少 0. 093 548%。

（二）实证结果分析

对于实证结果，我们将从两个方面来分析。

一方面，从中国自身的角度出发，分析本国金融资源对于自身经济发展的影响。

对于我国来说，伴随金融机构存贷款余额大幅增加，我国的经济增长却越来越缓慢，这主要是因为金融机构存贷款余额在整个金融资源体系配置中占据了极大比例。根据我国的实际情况来看，一直以来，银行作为企业或者居民配置闲置资金的首选，导致我国的储蓄率一直保持很高的水平，社会总体消费太少，资金在银行系统内部空转，无法转化为投资与消费，社会经济发展缺乏活力，不利于经济增长。因此，我国应该提高银行资金的利用效率，释放金融机构存贷款余额，保证其与经济增长同步发展。

我国证券市场交易额给经济增长带来的影响是正向的。证券市场作为金融体系的重要组成部分，有着重要的意义。但是证券业的发展对我国经济增长的影响程度非常有限，说明我国的证券行业发展不够完善。证券市场中的股票市场是企业从社会直接融资的重要渠道，对于企业降低融资成本、提高商业竞争能力、提高资本利用效率方面有着积极的作用，同时能有效激活资本市场，优化金融资源配置，促进金融资源带动经济持续增长。

我国实际利用外资额对经济增长的影响大于前两项因素，实际利用外资额对经济增长的影响是正向的，并且其影响力度也远大于金融机构存贷款余额和证券市场交易额。这说明实际利用外资额越大，其对经济增长的带动作用也越强，外国直接投资不仅给我国的经济带来了丰富的金融资源，同时伴随着技术、管理经验的输入，这些因素的共同作用使得外国直接投资有利于一国的经济发展。因此，加大招商引资力度，提供优良的环境，吸引外商投资，引进先进的技术、管理，可以促进就业，带动经济增长。

我国保费收入对于经济增长的影响超过了其他因素的影响。随着国内聚集的金融资源逐步优化，在完成了金融资源累积后，对外国投资的依赖程度逐渐降低，金融资源的供给更多的转向国内，并在保险系统中得到了很好的收益。与此同时，保险业的发展可以分散或避免企业在生产经营过程中面临的风险，为经济建设和金融产业保驾护航。

另一方面，通过“一带一路”沿线国家和地区的金融资源发展状况，来分析如何因地制宜地分配金融资源，促进“一带一路”沿线国家和地区经济发展，实现互利共赢。

从统计来看，“一带一路”沿线国家和地区境内信贷的增长对于本国经济发展的推动作用在下降，甚至会减缓其经济发展的速度。这从侧面印证了“一带一路”沿线国家进行金融资源融通的必要性，现在单一依靠社会贷款刺激经济发展的策略已经失效，各国之间必须进行金融资源融通才能使其真正起到促进国民经济发展的作用。

一般来说，外商投资对于经济发展有着正向的促进作用。我们应当充分借势“一带一路”建设，展开对沿线国家和地区的战略型、资源合作型投资，通过对外直接投资的空间调整，实现中国对外直接投资全球范围内的布局优化。在推动“一带一路”沿线国家和地区经济增长的同时，平衡我国对外投资的风险，实现互利共赢，协同发展。

证券市场交易额对不同区域经济带来的影响是有差异的，这与其所在区域金融发展水平有关。对于经济发展相对落后、经济状况很差的区域来说，股票市场无法体现出作用，对经济发展没有正向影响。而对于金融业发展较为良好的东南亚、西亚来说，股票市场对于经济增长有着较大的正向影响，是推动经济发展的主要因素之一。我国可以根据各区域股票市场发展的不同阶段，合理分配海外投资，帮助当地企业直接融资，通过股票市场快速增长，扩大企业生产规模，促进“一带一路”沿线国家和地区经济快速发展，并使我国的海外投资获得收益。

保费收入对几乎所有区域的经济增长都有着正向的影响。保险业的发展可以分散或避免企业在生产经营过程中的风险，为经济建设和金融产业保驾护航。

（三）实证分析结论

本章研究了金融资源对“一带一路”区域国家和地区经济增长的影响，发现“一带一路”沿线七大区域的经济增长存在差异。

1. 大多数区域的贷款资源增长对经济发展并没有起到促进作用

从理论上来说，银行作为金融中介，它的存在应有助于增加金融资源的流动性和减少投资的交易成本，从而促进投资增加和经济增长。那么为什么信贷规模的增加没有促进大多数国家的经济增长呢？一个合乎逻辑的解释是，金融抑制的存在导致信贷的增长难以有效促进项目投资的增长，反而会让无效率的投资不断出现。政府部门对金融系统的影响力常常导致对各个国家经济增长起到主要作用的民间经济部门难以得到有力的金融支持，表现为全世界都存在的小微企业融资难问题。对于“一带一路”沿线国家和地区来说，应当降低政府对于金融体系的干预，使经济增长成为金融现象而非财政现象。

2. “一带一路”的提出为中国对外直接投资的布局优化创造了机遇和条件

本着适度分散和差异化的原则，我国一方面继续加强对欧美地区的学习型、技术导向型投资的引入，另一方面充分借势“一带一路”建设展开对沿线国家和地区的资源合作型投资。通过对外直接投资空间流向的调整，实现我国对外直接投资在全球范围内的布局优化。“一带一路”沿线国家和地区经济发展水平各异，工业化发展也处于不同阶段。整体来看，中亚五国处在工业化初期和工业化后期；东南亚和南亚的国家和地区大部分处于工业化初期；而中东欧和西亚、中东的国家和地区大部分处于工业化后期阶段。对于发展水平和产业基础不同的各个国家和地区，宜采用不同的投资策略，例如：有差异化、针对性地开展对东南亚国家和地区的投资，扩大和巩固在中亚地区的能源资源领域投资，提升对南亚特别是印度和巴基斯坦的基础设施投资，加大对中东国家油气加工与运输管道等领域的投资，强化同俄罗斯和蒙古的战略对接与投资合作，加强对中东欧地区装备制造、基础设施等领域的投资。这样可以使中国和“一带一路”沿线国家和地区在充分发挥各自比较优势的基础上，进一步扩大投资和优势产能合作。优势产能合作不仅有利于中国与“一带一路”沿线国家和地区间形成新的生产网络，也会为中国与沿线国家和地区间产业内或产品内垂直分工的深化和价值链的延伸创造新的条件，促进各国经济的共同增长。

3. 证券市场在经济增长中发挥重要作用

证券市场不仅能够反映和协调社会资本的流动，同时也可推动企业改制上市，改善经营模式，为众多有实力有潜力的优质企业拓宽外部融资渠道，推动它们不断发展壮大。而我国证券市场的发展对区域经济的推动作用还不够显著，证券市场潜在的对区域经济增长的推动力还有待充分挖掘。我们应当支持“一带一路”沿线国家和地区的有条件上市的公司优化重组，上市筹集资金，增强资本实力，引导产业转型升级，增强经济活力。

4. 保险业是金融行业中的新型部门，发展潜力巨大

随着社会经济的发展，保险资金的融通功能得到了体现。保险业通过金融中介体系实现资产期限转换，为储蓄资金提供流动性并控制储蓄资金面临的风险。保险业作为金融中介，为投保人之间的资金流动提供中介服务。保险业利用自身聚集的闲散资金进行长期投资，提高了储蓄资金的投资转化率，形成规模性投资，为市场中资金需求较大的项目提供长期稳定的资金，进而推动社会经济发展。在“一带一路”沿线国家和地区经济发展进程中，应当根据各个区域保险市场的实际情况，制定差异化的保险政策，对保险市场进

行改革，使保险政策符合不同国家和地区的发展需求，让保险市场发展平稳高效，更好促进“一带一路”沿线国家和地区经济的协调发展。

第三节　研究结论和政策建议

我们研究了“一带一路”沿线国家和地区金融业的四大支柱行业对当地经济增长的影响差异。在实证研究的基础上，结合对“一带一路”沿线国家和地区金融资源发展的考察分析，提出有针对性的政策建议，以实现“一带一路”区域金融和经济协调发展，并为当前的金融发展和改革提供借鉴。

一、研究结论

本章的研究结论归纳如下。

第一，“一带一路”区域金融资源配置对其经济增长有着显著的影响。银行贷款、外商投资、证券交易额和保费收入四大核心金融资源对经济增长具有促进作用。

第二，四大核心金融资源对经济增长的促进作用存在差异。其中，保费收入的增长对经济增长的促进作用最大，外商投资的作用次之，证券交易额的增加对经济增长有一定促进作用，银行贷款对于经济增长基本没有促进作用。

二、政策建议

我们针对“一带一路”区域金融发展及金融资源优化配置，提出以下政策建议。

（一）提高银行配置效率

在前面的实证分析中，我们得出了“一带一路”沿线国家和地区银行贷款余额对区域经济发展有着负向作用的研究结果，“一带一路”沿线国家和地区银行业的发展更多表现在资产总量的增加上，但是实际上各国银行业在资产结构上一直存在着许多的缺陷，使得商业银行无法高效发挥资金融通职能。2006—2015 年，“一带一路”沿线国家和地区银行资产规模不断增长，但在存款规模快速扩大的同时，贷款规模却没有出现相应的增长，揭示了“一带一路”沿线国家和地区银行业金融转化效率很低，银行存款无法高效转化为社会投资，进而无法刺激社会经济发展。本章认为“一带一路”沿线国家和地区银行效率低下主要有以下几点原因。

1. 金融制度还有待完善

国有银行、政策性银行、股份制商业银行以及地方商业银行占据了我国现有金融市场份额的绝大部分，但这些机构都由国家控股，它们的业务及活动范围受政府监管、指挥，经营缺乏自主权。在这样的环境下，商业银行在完成利润目标的同时，也要完成政治任务，无法进行完全“商业化”的运作。

2. 银行信贷规模增长缓慢

目前几大国有银行占据垄断地位，导致金融资源配给过程中存在不公平。在市场经济条件下，中小型企业、民营经济、非公有制部门是经济发展的主要驱动力，特别是民营经济规模在总体国民经济中占有相当大的比重，民营经济对于经济发展的推动作用尤为明显。民营中小企业生产意愿很高，它们的投资需求十分强烈，而且民营企业投资能够带来较高的利润回报，但却因为资本短缺而无法充分发挥应有的生产力。在行政干预的影响下，金融资源无法通过市场经济途径转向优质投资项目，信贷规模增长速度低于存款规模增长速度，导致在金融资产规模不断增加的同时，重要的金融资源却无法发挥效用，不能用于民营企业的项目投资和扩大生产，无法有效推动社会经济增长。

3. 金融资源配置效率低下

金融资源低效配置主要表现为银行资金利用效率低下。大型国有企业占据大部分的信贷资源，民营经济获取融资的方式却很少，正规金融市场的融资渠道无法满足民营企业需求，转而从民间获取融资，导致民间利率高企，形成资本利率的双轨制。银行信贷资本使用效率低下是对金融资源的浪费，损害了中小企业的利益和市场活力，加剧了国内公有制与非公有制企业之间的不公平，优质项目对于资金的需求无法得到满足，制约了我国实体经济的发展。

为了解决这一问题，我们应当将金融、财政、产业三者政策紧密结合，切实推动金融体系服务实体经济，推动政府、银行、企业三方联动的长效机制。针对中小企业融资难的问题，为民营企业增加融资渠道，放宽融资条件，确保资本流向实体经济，为优质的民间投资项目配置适当的金融资源。国家政策方面，应当减少对银行的政策指导，引导银行以发展的思维来面对市场，在合理的信贷监督管理制度下，针对民营企业的贷款需求和各地发展的资金需求，合理分配金融资源。针对中小企业的贷款需求，开设专属的部门，放宽民营企业的贷款条件，提高贷款额度，给予适当利率优惠，加强对实体产业小微企业的优质项目的信贷支持。

（二）挖掘证券市场潜力

证券市场在经济体系中的作用越来越重要，能够反映和协调社会资本的流动，帮助企业完成上市，为有发展前景的优质企业拓宽社会融资渠道，推动他们不断发展壮大。然而实证结果表明，“一带一路”沿线国家和地区证券市场的发展对区域经济的作用并不完全相同。“一带一路”沿线国家和地区证券市场的发展水平还有待提高，证券市场潜在的对区域经济增长的推动力还有待充分挖掘。

我们应当根据各区域证券业发展的实际情况，有针对性地扩大直接融资规模，针对“一带一路”沿线国家和地区活跃的民营经济，要积极推动符合条件的民营企业上市融资，对于国有资产进行结构优化，引入民间资本，激发生产活力。支持“一带一路”沿线国家和地区诸多已上市公司优化重组，通过增发、配股等方式从金融市场筹集资金，增强资本实力。引导符合产业转型升级方向的优秀企业开展并购重组。以市场化的方式构建资本量大、融资能力强、信用等级高的投资平台。鼓励经营基础设施建设或高科技的企业以公司债的形式进行融资，对其将来的收益进行证券化。

（三）提高保险产业竞争力

前面的实证研究表明“一带一路”沿线国家和地区保险业发展对区域经济增长有着显著的正面效应。但是“一带一路”沿线国家和地区保险市场的实际也告诉我们，作为新兴的行业，“一带一路”沿线国家和地区保险业发展带动区域经济增长的空间还非常巨大。我们应当进一步扩大保险产业规模，推动保险业优化升级，不断发挥保险业对“一带一路”区域经济的促进作用。

政策方面，可以鼓励保险创新，出台匹配市场实际的法律法规，引导各区域发展专属保险机构，鼓励保险业的产品种类和销售渠道创新。保险企业应当针对保险业务的特点建立高效的产品开发机制，不断提高保险业核心竞争力。积极引导国内外大型保险机构在“一带一路”沿线国家和地区各中心城市设立区域性保险法人公司，通过市场化方式优化重组，提高保险行业整体实力。

（四）开放市场引导外商投资

外商投资为“一带一路”各个区域带来的不仅是经济增长所需的资金，更有与社会生产相关的先进技术和经验。通过企业跨国购并、股权交易等新的投资方式引入外商投资，可以鼓励外商进入“一带一路”沿线国家和地区进行并购投资。尤其是大型跨国公司参与“一带一路”国家和地区的企业改革，有助于引进先进的管理服务理念和金融产品，推进金融技术创新；外商投资流入可以缓解一国内部中小企业融资难问题。同时，带动本国对外贸易的发展，增加社会就业总量，提升民生福祉，对“一带一路”国家和地区经济平稳增长做出贡献。另外，外商投资进入“一带一路”国家和地区也有利于各国对其金融制度、法律法规和商业环境进行优化，促使本国金融整体环境的进步。

在此基础上，我们为“一带一路”沿线国家和地区金融资源配置提出了几点建议：①切实提高银行金融资源配置效率，加强金融、财政、产业三类政策的配合，坚持金融体系服务实体经济的原则，保证社会资本投向实体经济，将金融资源投入对经济发展有利的投资项目；②重点发掘证券市场融资潜力，积极规范证券市场，扩大企业直接融资规模，针对“一带一路”沿线国家和地区活跃的民营经济，积极推动符合条件的民营企业上市；③提高保险产业竞争力，积极推进保险创新，不断提高企业和行业核心竞争力，通过市场化方式进行内部结构升级，提高企业整体实力；④不断引导外商投资进入“一带一路”沿线国家和地区，吸收相关的先进生产技术和管理经验，真正形成有效的经济发展方式。

本书结论

一、研究结论

本书的研究结论可以归纳如下。

第一，中国区域金融资源存在明显的整体性差异，发达区域集中了较多金融资源。①东部沿海经济区拥有最多的金融资源总量，这主要是因为长三角经济圈的协同发展；同时，作为国际金融中心的上海市，其对金融资源总量的贡献不容小觑。②北部沿海经济区拥有京津冀经济圈，其金融资源较为丰富，特别是首都北京聚集了众多金融机构总部，金融资源雄厚。③南部沿海经济区拥有较多金融资源，其中广州和深圳两个区域金融中心具有巨大潜力。④东北经济区和大西北经济区金融资源总量则相对较少，与其他区域之间的金融资源差异较大。⑤区域中心城市金融资源在区域内占据绝对优势，这是区域内部金融资源差异较大的重要原因。

第二，中国区域金融资源行业结构差异明显，这表现为各区域金融行业（银、证、保）分布具有差异性。按区域差异从小到大排序，大致为存贷款资源、保费收入和证券（股票）筹资额。这其中，股票筹资的区域差异扩大趋势明显，而存贷款区域差异有所缓和。

第三，中国区域金融资源差异呈现逐步减小趋势，但区域内部差异明显。这主要表现为区域金融资源泰尔指数呈现出先缩小后扩大再缩小的趋势，并且各区域内部差异在总体差异中起到主要作用。

第四，中国区域金融资源分布差异已经影响区域经济发展的均衡和公平。一般而言，金融资源分布差异越大，区域经济差异也相应越大，中国金融资源差异已经导致区域经济发展出现不均衡。这不利于公平发展、资源合理配置，进而影响经济的健康增长和社会的和谐发展。

第五，中国区域金融资源差异是金融发展和金融分工的必然规律，具有一定客观性，但其差异不能过大，其边界是不能影响区域经济发展的均衡和公平。

第六，金融深度和金融宽度是中国区域金融发展的两个重要层面，两者都可以促进区域经济发展，但我国现阶段金融宽度的作用更大。我们对京津冀区域金融深度和金融宽度经济影响的研究也证实了这一点。

第七，中国区域金融发展较快，其金融资源配置对经济发展产生了较深远的影响。四类核心金融资源（银行贷款、证券融资额、保费收入及外商投资）对经济发展（经济增长和产业升级）都有一定促进作用：①银行业在很大程度上推动了区域产业升级，但对区域经济增长作用有限。②证券业有力地促进了东部发达区域的经济增长，而对中西部地区经济增长的作用不大；同时，证券业对区域产业结构升级推动作用不大。③保险业对区域经济发展（经济增长和产业升级）提升效果明显，其行业发展潜力较大。④外商投资促进区域经济增长作用明显，但对区域产业结构作用有限，仅对西部地区产业结构升级有较好效果。

第八，“一带一路”沿线区域是中国金融国际化的重要突破点，有利于实现国际金融资源配置。①“一带一路”沿线区域金融发展较快但发展差异明显，其中，中国金融资源占据优势地位。②“一带一路”沿线区域金融资源配置对区域经济发展有相当的影响：银行业对“一带一路”沿线区域经济的增长有一定作用，但差别较大：对于东南亚、南亚、中东欧等区域，银行在一定程度上促进经济增长，而在其他区域则效果不佳；证券业总体上推动了“一带一路”沿线区域经济增长；保险业促进“一带一路”沿线区域经济增长的效果最为显著，其发展潜力较大；外商投资较好地促进了“一带一路”沿线经济增长，其效果仅次于保险业。

二、措施建议

整体而言，中国区域金融资源促进了区域经济发展，同时中国在“一带一路”沿线区域金融发展中发挥了重要作用。然而，当前中国金融发展也面临几个重大问题：从空间结构看，金融资源分布差异较为明显，一定程度上影响了经济发展的公平和均衡；从行业结构看，金融结构不够合理，一定程度上影响了经济发展的后劲；从维度结构看，金融宽度不够，一定程度上制约了金融可持续发展。

对此，我们有必要采取积极对策，优化整体金融资源，协同区域金融发展，以促进经济进一步发展，主要措施建议如下。

（一）整体优化中国区域金融资源

中国区域金融发展，本质上是区域金融资源合理开发、利用和优化问题，区域金融发展必须纳入中国整个的金融发展战略，当前重点是区域金融资源优化战略，即必须将地级和县级的金融资源纳入整体金融资源，继而推动以中国为核心的国际金融资源的优化。

（二）明确中国区域金融发展的相关理论基础

我们应该重视金融资源理论和理念的建设，推动中国特色金融资源理论的发展。这些对未来中国区域金融发展具有重要指导意义。

（三）实施金融资源全面优化战略

中国区域金融既要保持适当的差异，又要维持基本的均衡；既要重视金融深度，大力发展金融行业，更要拓宽金融宽度，发展普惠金融。

（四）实施金融行业全方位优化战略

金融行业发展，既要重视传统的银行业（贷款），更要促进证券、保险、外资的发展，还要特别重视新兴金融业务的发展，如私募金融等。随着经济与产业发展的升级，新兴金融业务对经济发展的贡献有可能越来越明显。

（五）推动金融资源配置国际化战略

“一带一路”沿线区域是中国金融国际化的重要突破口，有利于实现国际金融资源配置，提升中国金融的核心竞争力，扩展中国金融影响力，开辟经济发展新空间。为此，我们建议成立“一带一路”金融组织，实现区域金融互惠发展，优化区域金融资源配置。

参考文献

[1] 白钦先．比较银行学［M］．郑州：河南人民出版社，1998：1-627.

[2] 白钦先，谭庆华．论金融功能演进与金融发展［J］．金融研究，2006（7）：41-52.

[3] 崔满红．金融资源理论研究（七）：金融危机［J］．城市金融论坛，1999（10）：9-13.

[4] 龚明华．当代金融发展理论：演进及前沿［J］．国际金融研究，2004（4）：4-11.

[5] 陆文喜，李国平．中国区域金融发展的收敛性分析［J］．数量经济技术经究，2004（2）：125-128.

[6] 董金玲．区域金融发展差异的泰尔指数测度与分解［J］．商业时代，2009（35）：82-83.

[7] 王纪全，张晓燕，刘全胜．中国金融资源的地区分布及其对区域经济增长的影响［J］．金融研究，2007（6）：100-108.

[8] 韩玲慧．试析金融结构的变迁与企业制度的创新［J］．外国经济与管理，2000（12）：20-24.

[9] 朱映惠．我国金融资源配置的结构与效率研究：基于泰尔指数编制［J］．技术经济与管理研究，2017（6）：60-65.

[10] 刘仁武．区域金融结构和金融发展理论与实证研究［M］．北京：经济管理出版社，2003.

[11] 胡振华，胡绪红．金融结构差异与货币政策的区域效应［J］．财贸研究，2007（5）：73-78.

[12] 沈友华，吴伟军．金融结构的地区差异与货币政策范围效应［J］．改革，2009（8）：77-83.

[13] 王书华，崔满红．金融结构差异与货币政策传导的区域效应［J］．生态经济，2010（5）：49-54，58.

[14] 张成思，刘贯春．经济增长进程中金融结构的边际效应演化分析［J］．经济研究，2015，50（12）：84-99.

[15] 周小川．法制金融生态［J］．中国经济周刊，2003（3）：11.

[16] 黎和贵．区域金融生态环境差异与经济增长效率［J］．金融论坛，2007（3）：45-52.

[17] 崔光庆，王景武．中国区域金融差异与政府行为：理论与经验解释［J］．金融研究，2006（6）：79-89.

[18] 卢峰，姚洋．金融压抑下的法治、金融发展和经济增长［J］．中国社会科学，2004（1）：42-55，206.

[19] 谈儒勇，吴兴奎．我国各地金融发展差异的司法解释［J］．财贸经济，2005（12）：14-17，92.

[20] 杨再平．考察金融运行状况的新视角：效能观点［J］．金融信息参考，2002（4）：38-39.

[21] 郑长德．中国金融发展地区差异的泰尔指数分解及其形成因素分析［J］．财经理论与实践，2008（4）：7-13.

[22] 杨德勇．论中国金融效率的现状及政策选择［J］．内蒙古财经学院学报，1997（2）：54-60.

[23] 王振山．金融资源优化配置的理论与实践［M］．北京：经济管理出版社，2000.

[24] 王广谦．中国金融发展中的结构问题分析［J］．金融研究，2002（5）：47-56.

[25] 柳明．论金融资源与金融发展［J］．辽宁财专学报，1999（1）：20-22.

[26] 陆家骝．金融资源积累与金融可持续发展［J］．华南金融研究，2000（4）：3-5.

[27] 金雪军，田霖．我国区域金融成长差异的态势：1978—2003年［J］．经济理论与经济管理，2004（8）：24-30.

[28] 黄桂良．国内外区域金融差异研究综述与简评［J］．区域金融研究，2010（7）：31-37.

[29] 成春林，华桂宏．金融发展差异的多重因素：文献综述及其引申［J］．改革，2013（5）：59-67.

[30] 殷克东，孙文娟．区域金融发展水平动态综合评价研究［J］．商业研究，2010（12）：127-133.

[31] 齐美东，张思佳．我国金融资源空间分布差异的实证研究［J］．财政研究，2015（2）：4-8.

[32] 郑智勇．基于泰尔指数法的福建省金融发展水平区域差异分析［J］. 管理工程师，2017，22（5）：36-41，78.

[33] 潘文卿，张伟．中国资本配置效率与金融发展相关性研究［J］．管理世界，2003（8）：16-23.

[34] 梁慧．中国金融发展区域差异性及其原因分析：基于泰尔指数的分解［J］．现代商贸工业，2015，36（11）：1-4.

[35] 范方志，张立军．中国地区金融结构转变与产业结构升级研究［J］. 金融研究，2003（11）：36-48.

[36] 吴迪．金融资源配置效率与经济金融化的原因研究［J］．中国管理信息化，2019，22（5）：122-124.

[37] 武力超，施桑桑，韩华桂，等．外商直接投资、财政政策波动与地区金融生态环境［J］．金融论坛，2018，23（2）：20-34.

[38] 杨涤．提高我国金融资源配置效率的途径研究：中国的金融强国之路探索［J］．世界经济研究，2004（2）：23-27.

[39] 艾洪德，徐明圣，郭凯．我国区域金融发展与区域经济增长关系的实证分析［J］．财经问题研究，2004（7）.

[40] 丁艺，李靖霞，李林．金融集聚与区域经济增长：基于省际数据的实证分析［J］．保险研究，2010（2）：20-30.

[41] 唐松．中国金融资源配置与区域经济增长差异：基于东、中、西部空间溢出效应的实证研究［J］．中国软科学，2014（8）：100-110.

[42] 李延军，史笑迎，李海月．京津冀区域金融集聚对经济增长的空间

溢出效应研究［J］. 经济与管理，2018，32（1）：21-26.

［43］支大林. 区域金融发展中的金融贡献［M］. 长春：东北师范大学出版社，2004.

［44］冯长春，曾赞荣，崔娜娜. 2000年以来中国区域经济差异的时空演变［J］. 地理研究，2015，34（2）：234-246.

［45］干春晖，郑若谷. 中国地区经济差距演变及其产业分解［J］. 中国工业经济，2010（6）：25-34.

［46］赵伟，马瑞永. 中国区域金融增长的差异：基于泰尔指数的测度［J］. 经济地理，2006（1）：11-15.

［47］高志刚. 区域经济差异预警：理论、应用和调控［J］. 中国软科学，2002（11）：94-98.

［48］李实，罗楚亮. 中国收入差距究竟有多大？——对修正样本结构偏差的尝试［J］. 经济研究，2011，46（4）：68-79.

［49］郭可为. 中国与中亚经贸金融合作现状与挑战［J］. 国际研究参考，2015（12）：1-5.

［50］江其务. 论新经济条件下的货币政策传导效率［J］. 金融研究，2001（2）：1-7.

［51］胡金焱，朱明星. 山东省金融发展与经济增长相关性的实证研究（1978—2004）［J］. 山东社会科学，2005（11）：126-129.

［52］李健，贾玉革. 金融结构的评价标准与分析指标研究［J］. 金融研究，2005（4）：57-67.

［53］李群，凌亢，杨益民. 金融资源优化配置模型及其应用［J］. 数量经济技术经济研究，2003（10）：58-62.

［54］林毅夫，姜烨. 经济结构、银行业结构与经济发展：基于分省面板数据的实证分析［J］. 金融研究，2006（1）：7-22.

［55］刘亦文，胡宗义. 区域金融资源差异对经济发展的影响［J］. 经济地理，2010，30（4）：624-628.

［56］刘运，叶德磊. 银行信贷市场与股票市场促进产业升级了吗?：基于中国省域面板数据的检验［J］. 金融论坛，2019，24（2）：40-55.

[57] 陆家骝．新资源因素与现代经济增长 [J]．广东社会科学，2001 (5)：14-20.

[58] 罗荣华，门明，何珺子．金融发展在促进我国产业结构调整中的效果研究：基于我国 30 个省级面板数据 [J]．经济问题探索，2014 (8)：84-91.

[59] 邵全权．中国保险业对经济增长的贡献和影响：基于单方程估计和系统估计的实证研究 [J]．保险研究，2012 (4)：3-15.

[60] 沈军，白钦先．论金融研究方法论的范式转换：兼论对金融发展理论的启示 [J]．经济评论，2006 (5)：123-128.

[61] 孙壮志．中国与独联体经贸及金融合作空间广阔 [J]．中国银行业，2014 (3)：70-73.

[62] 谭庆华．用金融资源论的观点度量金融国际竞争力 [J]．金融论坛，2002 (2)：2-6.

[63] 王定祥，吴代红，王小华．中国金融发展与产业结构优化的实证研究：基于金融资本视角 [J]．西安交通大学学报（社会科学版），2013，33 (5)：1-6，21.

[64] 王纪全，张晓燕，刘全胜．中国金融资源的地区分布及其对区域经济增长的影响 [J]．金融研究，2007 (6)：100-108.

[65] 王晓青，李云山．货币供给机制、经济结构问题与金融总量调控 [J]．金融研究，2004 (9)：10-18.

[66] 姚华，宋建．中国金融发展与产业结构升级协整关系的多指标交叉检验 [J]．湖南大学学报（社会科学版），2016，30 (1)：76-82.

[67] 于磊．中心城市金融聚集与县域地区金融抑制：对我国金融资源配给“马太效应”的制度分析 [J]．湖北农村金融研究，2012 (10)：34-37.

[68] 袁富华，张平．雁阵理论的再评价与拓展：转型时期中国经济结构问题的诠释 [J]．经济学动态，2017 (2)：4-13.

[69] 曾康霖．试论我国金融资源的配置 [J]．金融研究，2005 (4)：12-15.

[70] 周立，王子明．中国各地区金融发展与经济增长实证分析：1978—

2000 [J]．金融研究，2002（10）：1-13.

[71] 朱玉杰，倪骁然．金融规模如何影响产业升级：促进还是抑制？——基于空间面板 Durbin 模型（SDM）的研究：直接影响与空间溢出 [J]．中国软科学，2014（4）：180-192.

[72] 曹伟，言方荣，鲍曙明．人民币汇率变动、邻国效应与双边贸易：基于中国与"一带一路"沿线国家空间面板模型的实证研究 [J]．金融研究，2016（9）：50-66.

[73] 李国强．古代丝绸之路的历史价值及对共建"一带一路"的启示 [J]．大陆桥视野，2019（2）：32-38.

[74] 李建军，李俊成．"一带一路"基础设施建设、经济发展与金融要素 [J]．国际金融研究，2018（2）：8-18.

[75] 李群，凌亢，杨益民．金融资源优化配置模型及其应用 [J]．数量经济技术经济研究，2003（10）：58-62.

[76] 林毅夫，姜烨．经济结构、银行业结构与经济发展：基于分省面板数据的实证分析 [J]．金融研究，2006（1）：7-22.

[77] 刘亦文，胡宗义．区域金融资源差异对经济发展的影响 [J]．经济地理，2010，30（4）：624-628.

[78] 罗煜，王芳，陈熙．制度质量和国际金融机构如何影响 PPP 项目的成效：基于"一带一路"46 国经验数据的研究 [J]．金融研究，2017（4）：61-77.

[79] 邱询旻，孙刚．关于金融体系对经济增长作用的理论分析 [J]．世界经济与政治，2003（1）：58-63，80.

[80] 任广乾，刘莉．"一带一路"沿线国家金融效率综合评价 [J]．经济地理，2018，38（6）：109-116.

[81] 沈军，白钦先．论金融研究方法论的范式转换：兼论对金融发展理论的启示 [J]．经济评论，2006（5）：123-128.

[82] 谭庆华．用金融资源论的观点度量金融国际竞争力 [J]．金融论坛，2002（2）：2-6.

[83] 王国刚．"一带一路"：闯出全球经济资源配置的中国之路 [J]．

金融论坛，2015，20（10）：17-29.

［84］杨涤．提高我国金融资源配置效率的途径研究：中国的金融强国之路探索［J］．世界经济研究，2004（2）：23-27.

［85］于磊．中心城市金融聚集与县域地区金融抑制：对我国金融资源配给“马太效应”的制度分析［J］．湖北农村金融研究，2012（10）：34-37.

［86］袁富华，张平．雁阵理论的再评价与拓展：转型时期中国经济结构问题的诠释［J］．经济学动态，2017（2）：4-13.

［87］中国人民银行成都分行金融研究处课题组．金融资源区域配置的失衡性探析：四川与东部部分省市金融增长的比较分析［J］．金融研究，2004（9）：134-144.

［88］周小川．市场化运作是“一带一路”投融资可持续性的保证［J］．中国金融家，2017（5）：24-25.

［89］邹宗森，王秀玲，冯等田．第三方汇率波动影响出口贸易关系持续吗？——基于“一带一路”沿线国家的实证研究［J］．国际金融研究，2018（9）：56-65.

［90］安强身．山东省经济发展方式转变中的三维金融支持探讨［J］．经济与管理评论，2014（4）：155-160.

［91］耿颢．山东省金融深度和金融宽度实证分析［J］．金融发展研究，2009（10）：30-33.

［92］韩廷春．金融发展与经济增长：基于中国的实证分析［J］．经济科学，2015，23（3）：31-40.

［93］胡宗义，刘亦文，袁亮．金融均衡发展对经济可持续增长的实证研究［J］．中国软科学，2013（7）：25-38.

［94］贾春新，夏武勇，黄张凯．银行分支机构、国有银行竞争与经济增长［J］．管理世界，2008（2）：7-14.

［95］李猛．金融宽度和金融深度的影响因素：一个跨国分析［J］．南方经济，2008（5）：56-67.

［96］李强，徐康宁．金融发展、实体经济与经济增长：基于省级面板数据的经验分析［J］．上海经济研究，2013（9）：3-11.

［97］米建国，李建伟．我国金融发展与经济增长关系的理论思考与实证分析［J］．管理世界，2002（4）：23-30.

［98］蒲师齐，于恩锋．金融发展对经济发展影响的差异性分析：基于四川五个市的面板实证研究［J］．当代经济，2017（25）：14-15.

［99］邵宜航，刘仕保，张朝阳．创新差异下的金融发展模式与经济增长：理论与实证［J］．管理世界，2015（11）：29-39.

［100］谭艳芝，彭文平．金融发展与经济增长的因素分析［J］．上海经济研究，2003（10）：3-12.

［101］汪金花，熊学萍．金融深度、金融宽度与经济增长的实证研究：基于中国省际面板数据［J］．金融与经济，2015（8）：26-30.

［102］王定祥，李伶俐，冉光和．金融资本形成与经济增长［J］．经济研究，2009（9）：39-51.

［103］王景武．金融发展与经济增长：基于中国区域金融发展的实证分析［J］．财贸经济，2005（10）：23-26.

［104］王伟，郑月明．中国区域金融发展与经济增长关系的实证研究：基于动态面板数据模型的分析［J］．现代经济信息，2011（21）：283-283.

［105］伍旭川．金融深度、金融宽度与金融发展［J］．金融纵横，2005（5）：5-7.

［106］姚星垣．金融宽度与区域金融发展［M］．北京：中国社会科学出版社，2013.

［107］赵振全，于震，杨东亮．金融发展与经济增长的非线性关联研究：基于门限模型的实证检验［J］．数量经济技术经济研究，2007，24（7）：54-62.

［108］赵志华，贺光明，杨海平．内蒙古地区金融效率及其对经济增长支持的实证研究［J］．金融研究，2005（6）：145-153.

［109］AUBHIK K. Financial development and economic growth［J］. Review of Financial Economics，2002，11（2）：131-150.

［110］GOLDSMITH R W. Financial structure and development［J］. Studies in Comparative Economics，1969，70（4）：31-45.

[111] PATRICK H T. Financial development and economic growth in underdeveloped countries [J] . Economic development and cultural change, 1966, 14 (2): 174-189.

[112] ROSS LEVINE, NORMAN LOAYZA, ASLI DEMIRGÜÇ - KUNT. Financial intermediation and growth: Causality and causes [J]. Journal of monetary economics 2000 (1) .

[113] FRANKLIN ALLEN, DOUGLAS GALE. Diversity of opinion and financing of new technologies [J] . Journal of financial intermediation, 1999, 8 (1-2) .

[114] KREGEL J A. Margins of safety and weight of the argument in generating financial fragility [J] . Journal of economic issues, 1997, 31 (2) .

[115] RAYMOND FISMAN, INESSA LOVE. Trade credit, financial intermediary development, and industry growth [J] . The journal of finance, 2004, 58 (1) .

[116] ROSS LEVINE. Bank-based or market-based financial systems: which is better? [J] . Journal of financial intermediation, 2002, 11 (4) .

[117] ROSS LEVINE. Law, finance, and economic growth [J] . Journal of financial intermediation . 1999 (1)

[118] THORSTEN BECK, RANCIERE, NORMAN LOAYZA. Finance and the sources of growth [J] . Journal of financial economics, 2004, 58 (1) .

[119] THORSTEN BECK, ROSS LEVINE. Industry growth and capital allocation [J] . Journal of financial economics, 2000, 64 (2) .

[120] JOSE DE GREGORIO, PABLO E GUIDOTTI. Financial development and economic growth [J] . World development, 1995 (3).

[121] HICKS, JOHN. A theory of economic history [M] . Oxford: Clarendon Press, 1969.

[122] JAYARATNE J, STRAHAN P E. The finance-growth nexus: evidence from bank branch deregulation [J] . Quarterly journal of economics, 1996 (111): 639-670.

[123] GOLDSMITH R W. Financial structure and development [M]. New Haven: Yale University Press, 1969.

[124] LEVINE, R. Bank-based or market-based financial systems: which is better? [J]. Journal of financial intermediation, 2002, 11 (4): 398-428.

[125] KING R G, LEVINE R. Finance and growth: schumpeter might be right [J]. Quarterly journal of economics, 1993, 108 (3): 717-737.

[126] LEVINE R. Financial development and economic growth: views and agenda [J]. Social science electronic publishing, 1997, 35 (2): 688-726.

[127] MCKINNON R I. Money and capital in economic development [J]. American political science review, 1973, 68 (4): 1822-1824.

[128] MERTON R C. A functional perspective of financial intermediation [J]. Journal of the financial management association, 1995, 24 (2): 23-41.

[129] NEWLYN W T, SHAW E S. Financial deepening in economic development [J]. Economic journal, 1973, 84 (333): 227.

[130] SANTOMERO A M, SEATER J J. Is there an optimal size for the financial sector? [J]. Journal of banking & finance, 2000, 24 (6): 945-965.

后　记

近年来，中国经济快速发展，这其中区域金融的贡献功不可没。正因如此，各地方政府高度重视区域金融的发展，不断推出区域金融（尤其是区域金融中心）战略。虽然我国区域金融发展较快，对经济发展的促进作用明显，但区域金融发展过程中也出现了诸多问题，突出表现为金融资源差异日益扩大，已经由以往的东西差异转变为东西差异与南北差异并存的局面，即由“一字形差异”演化为“十字形差异”，而且有逐渐失衡的趋势。

对此，我们以金融资源理论为基础，着重量化分析了中国区域金融发展特征，尤其是区域金融资源差异及其经济影响，探讨了中国区域（包括“一带一路”沿线区域）金融资源配置及其经济影响，最后提出优化中国区域金融资源的政策建议。本研究得到了“北京市社会科学基金研究基地”项目、“北京市一流专业”项目以及“国家一流专业双万计划”项目的资助，本书正是以上项目的研究成果。其中，笔者的研究生陶然、张雨虹、张超、覃铭雪以及本科生肖晓玥、全静怡、邓爔参与了课题研究，撰写了本书的部分内容。

本书的出版得到了首都经济贸易大学金融学院和学校出版社的大力支持，在此表示衷心的感谢。